Erster-Hof.
Bade-Anstalt
Drehrollen-
Schlosser
R. Apelt
Kohlen
Harendt
Hof rechts

監修者──佐藤次高／木村靖二／岸本美緒

［カバー表写真］
ハインリヒ・ツィレ「中庭のダンス」
（1912年）

［カバー裏写真］
アイゼンハイム
（2003年撮影）

［扉写真］
マイアースホーフ
（撮影：Willy Römer, 1910年）

世界史リブレット 75

ドイツの労働者住宅

Soma Yasuo
相馬保夫

目次

ドイツ産業文化への旅

ルール地方西部の工業都市オーバハウゼン、中央駅を降り立ち、そこから市電一一二番線に乗ってアイゼンハイムで下車すると、そこには一〇〇年以上前の住宅地にタイムスリップしたかのような風景が広がっている。

アイゼンハイムは、一八四六年から建設が始まったルール地方最古の労働者団地といわれ、一九七〇年代の保存運動とその後の修繕・改築で今も住民一一八世帯、四〇〇人近く(一九九七年現在)が静かに暮す住宅地である。車が駐車している表通りから一歩裏側にはいれば、人びとが三々五々集まって話をしたり、子どもが自転車に乗ったりする路地にでる。そこには住民の生活の匂いがあり、家の裏手には物置小屋と木々や草花、野菜が植えられている菜園が並ぶ。

アイゼンハイム民衆博物館

▼ルート産業文化　ルール地方の自治体で構成されるルール地域連合の観光プロジェクト。起点は、世界遺産にも指定されたエッセン北部のツォルフェアアイン第XII坑。ルール炭鉱揺籃の地、ナハティガル炭坑や、多くの労働者住宅団地もルートに含まれている。

なかにはあずま屋を設けてあるところも散見される。街角にはここの住宅の生活と歴史を紹介するプレートがあり、街行く人を楽しませてくれる。題して「物語る街角」。ベルリン通り一〇a番地にはライン工業博物館の分館がかつての洗濯小屋を利用してつくられており、この住宅地の歴史と保存運動について解説してある。そしてその向かい側の住宅は開放され、内部を見学し、工業化時代に暮した住民たちの暮しに思いをはせることができる。

このアイゼンハイムは、ドイツの近代化を支えた重工業の中心、ルール地方の産業遺産と博物館をめぐる「ルート産業文化▲」の労働者住宅(団地)ルートにも指定されている。かつて工業化の時代にはドイツだけでなく近隣諸国からも技術者・労働者を呼び寄せた炭鉱や工場、労働者住宅は、いまやその時代を思い起こさせる観光ルートに様変りした。

一方、一九八九/九〇年のベルリンの壁崩壊とドイツ再統一、その後の再首都化によって中心部、とくに旧東ベルリン地区の再開発が進んだベルリン。中心街ウンター・デン・リンデンの周辺から北側の地区に向かうと、再統一後にきれいに再開発され、若者たちを引きつける賑やかなファッション街と映画館・劇場が立ち並ぶ地区にでる。しかし、その喧騒を離れて、街を歩いていくと、いまだ戦後の雰囲気をただよわせる老朽化した建物を目にすることもまれではない。高架の環状線Sバーン電車のフリードリヒ通り駅▲、ハッケッシャー・マルクト駅の北側のこの地区は、かつてショイネン・フィアテル（穀倉街）と呼ばれた場末であり、この大都市をめざして集まってきた貧民たちの住処《すみか》であり、東部からきたいわゆる東方ユダヤ系の人たちの生活の場であった。

かつてオラーニエンブルク門のあった場所をさらに北に進む。そこはベルリン工業化の出発点となった工場の立ち並ぶ地域、その一角アッカー通り一三二・一三三番地には、一九七二年までマイアースホーフと呼ばれる巨大な集合住宅群があった。再開発で取り壊されたこの建物は、ドイツ帝国▲の創立期に建設されたもので、表通りから奥に中庭をはさんで七棟の大きな建物群がそびえ立ち、かつてのプロレタリア都市、「世界最大の賃貸兵舎（兵舎風の賃貸アパート）都市」と呼ばれたベルリンをある種象徴するような建物であった。

アイゼンハイムとマイアースホーフ、たどった歴史も現状も異なるこの二つの住宅街、これらをまず手がかりにしてドイツの労働者住宅の歴史を見ていく

▼フリードリヒ通り駅　ベルリンの中心部でウンター・デン・リンデンと交差して南北に走るフリードリヒ通りは、現在では、きらびやかなブランドショップが並ぶ通りである。だが、Sバーンと地下鉄のフリードリヒ通り駅は、かつて壁のあった時代、西側から東ベルリンにはいる窓口であり、長い行列で待たされた国境検問所の建物が、駅の北側にひっそりとたたずみ、今では「涙のパラスト」として展示が行われている。

▼ドイツ帝国（一八七一〜一九一八年）自由と統一を掲げた一八四八年革命が挫折したのち、ドイツの統一は、ビスマルク（一八一五〜九八）の主導でプロイセンを中心とした小ドイツ主義的な統一に帰結した。一八七一年に成立したこの帝国は、王朝的原理と民主的原理、旧い農業制度の残存と近代的工業の発展、帝国主義的な対外拡張と国内での社会主義勢力の伸張など、多くの矛盾と対立に満ちていた。

ツォルフェアアイン第XII坑（エッセン）一九二八〜三二年にバウハウス様式で建造された炭坑地上施設は、当時最新でもっとも美しいといわれ、二〇〇一年にはユネスコの世界遺産に指定された。

ことにしよう。

とはいえ、今ではほとんど失われてしまった工業化時代からの労働者住宅の歴史を振り返ることは、簡単なようでいて、じつは意外に難しい。ドイツの工業化・近代化、ドイツの国家統一とその後の紆余曲折の歴史についての書物はあまたあれど、建築史でも都市計画史でもなく、労働者の闘争や運動の歴史でもない労働者住宅の歴史を巨視的・概観的であるだけでなく、労働者の住と生活の諸相まで立ち入って描き出した歴史書はめったにないからである。

ここでは、比較的資料のあるルール地方とベルリンを例にとり、十九世紀の工業化の時代における住宅問題の発生から、工業地帯の形成と住宅建設、二十世紀の田園都市計画の生成およびその後の変貌にいたるまでを、労働者の住と生活、その変容を中心に描き出し、住宅とそこに住む人びとの視点から十九〜二十世紀ドイツ社会史の一側面を照らし出したい。

その際、本書では、以下の二点をつねに意識しながら話を進めていく。

(1)十九世紀のドイツでは、農村から職を求めて大量の人たちが都市や工業地帯に流入し、いわゆる社会問題が発生した。そのなかで焦点にのぼった労働者

ナハティガル炭坑(ヴィッテン)
一七四三年、ルール川の南、ヴィッテンのムッテンタールで開業し、その後、横坑から立坑への移行をおこなった最初の炭坑の一つ。現在では、初期の炭坑のようすをうかがうことができる貴重な産業遺跡である。

の住宅問題を工業化・都市化との関連で、さらに、国民国家、ナショナリズムと戦争・ジェノサイドの世紀における住宅問題の諸相を振り返ることによって、ドイツの近代化の一側面を照らし出すこと。

(2)労働者の住と生活の具体相を市民層の住宅・住宅観と比較しながら十九〜二十世紀ドイツの労働者住宅のいくつかの事例(ルール地方とベルリン)で検討し、ドイツが激動にさらされた時代の民衆の暮しを労働者の側から、つまり労働者文化や労働者の社会史・日常史の視角からとらえなおすこと。

住宅には、そこに住む人びとの暮しのありよう、思い入れや価値観が反映するだけではない。そこには人びとが社会や国家と取り結ぶ関係、そこでの矛盾や問題点も映し出される。また、住宅をめぐる問題は、人びとの住む地域によっても時代によっても大きく異なり、そのありようも歴史的に大きく変遷してきた。本書は、そのほんの一端をドイツの労働者住宅を参照点にすることによって概観しようとする試みにすぎない。

前置きはこれくらいにして、さあそれでは、労働者住宅をめぐるドイツ産業文化への旅に出かけてみよう。

マルクス・エンゲルス広場(ベルリン)

▼フリードリヒ・エンゲルス(一八二〇～九五)　バルメン(現ヴッパタール)の繊維工場主の息子として生まれ、青年ヘーゲル派に接近し、『イギリスにおける労働者階級の状態』を執筆した。一八四七年、カール・マルクス(一八一八～八三)とともに共産主義者同盟に参加し、翌四八年に『共産党宣言』を公表、以後、マルクスとともに「科学的社会主義」の普及に努めた。

①—労働者住宅の成立ち

住宅問題の発生

今日新聞紙を賑わしているいわゆる住宅問題なるものは、労働者階級が、粗悪な、稠密な、不衛生な住宅に住んでいるからという点にあるのではない。そういう住宅問題はけっして現代特有のものではない。それは、近代のプロレタリアートが従来のすべての被抑圧階級に比してとくにもつところの困窮の一つではけっしてない。それとは反対に、すべての被抑圧階級は、いつの時代でも大体同じような困窮をなめてきたのである。そういう住宅難をなくする方策はただ一つであろう。それは支配階級による労働階級の搾取と圧迫とを一般的に排除するしかないであろう。——しかし、今日、われわれが住宅問題というのは、労働者の住宅状態が、大都市へ向かって人口が急激に殺到したために、とくに著しく悪化したその状態をいう。すなわち、家賃の驚くべき暴騰、個々の家屋における居住者の密集、またある人びとにとっては、宿泊所はいっさい見つからないという状態をいう。そしてこういう住宅難がとくにやかましくいわれるのは、それはたんに労働者階級にかぎられた問題ではなくして、小ブルジョワ階級もまたこれになやまされているからである。（エンゲルス『住宅問題』岩波文庫、一九九三年。ただし、仮名遣いと表現は一部現代風になおした。傍点、原文強調）

フリードリヒ・エンゲルス▲が社会民主労働者党（のちの社会民主党）の機関紙『人民国家《フォルクスシュタート》』にこう書いたのは、一八七二年のことである。ドイツ帝国創立の直後、ベルリンは未曾有の住宅難に直面していた。市門の外にはホームレスが掘立小屋を建ててそこに住みつき、市内の救貧施設オクセンコップにも住む家の見つからない人たちが殺到した。社会民主労働者党の集会は、「住宅難と高い家賃は、少数の土地所有者の懐に流れ込む地代による労働者の搾取であり、この不平等は、社会主義社会で土地が共有財産になることによってしか取り除かれない」と宣言した。

普仏戦争▲の勝利によってドイツは統一され、ベルリンは新生ドイツ帝国の首都となった。多くの政府官庁が新たに建設され、商店や会社、飲食店、ホテル

▼**普仏戦争**（一八七〇～七一年） スペイン国王の後継者争いからフランスがプロイセンに宣戦し、起こった両国間の戦争（独仏戦争ともいう）。プロイセン＝ドイツ軍の圧倒的勝利に終わり、ドイツ帝国が成立した。

ドイツ帝国創立期の建築現場

ベルリンの無宿者バラック（一八七二年）

▼**大衆的貧困**（パウペリスムス）
ドイツにおいて一八三〇～四〇年代に起こった深刻な大衆的貧困状況を指す。人口の急増に工業化の進行が追いつかず、農業の不作がそれに輪をかけた。一八四四年のシュレージエン織工蜂起や四八年三月革命の背

が数多く進出してきたため、都心部ではとくに住宅が不足し、家賃が高騰した。その一方で、戦争後に新たに所帯をもとうとした若者たち、農村部から職を求めて大量に流入する民衆のための安い賃貸住宅が絶対的に不足していたのである。しかし、住宅問題はたんに下層民衆向けの賃貸住宅を大量に建設すればすむという問題ではなかった。そこで問われていたのは、エンゲルスの論文や社会民主労働者党の集会で述べられていたように、財産所有者と無産労働者との対抗関係のなかで、どのように住宅問題をとらえ、その解決の道筋をつけるのか、をめぐる問題でもあった。先進国イギリスと比べて、ドイツでは、近代化・工業化と国家統一が遅れたうえに、それらが同時に進行したため、旧い身分的格差と新しい階級的懸隔が重層的にあらわれ、それだけに財産所有者と無産労働者との対立はいっそう激しく複雑なものになった。

ファミーリエンホイザー

一八七一年にドイツ帝国を構成することになる諸地域において、「大衆的貧困《パウペリスムス》▲」が深刻な社会問題・住宅問題と認識され、社会主義と関連づけて論じられ

るようになるのは、三月前期から四八年革命にかけての時期である。しかし、ベルリンでは、すでに十九世紀前半、対ナポレオン解放戦争▲後の時期に、急激な人口の増加にともない貧困な下層民衆の集中の問題があらわれていた。とりわけ、その北部、市壁の外側にある郊外フォークトラントには、この時期、日雇い、工場労働者、困窮した手工業者などの無産《プロレタリアート》者が大量に流れ込んできた。

なぜなら、第一に、プロイセンのシュタイン・ハルデンベルクの改革▲によって、世襲隷農制が廃止され、農民に移住と職業選択の自由が与えられた結果、彼らは日雇い、奉公人、織工として都市に殺到した。第二に、同じくこの改革によって営業の自由とツンフト強制の廃止がおこなわれ、零細な手工業者間で競争が激化した。さらに、フランス革命期の空隙に乗じて栄えたベルリンの繊維工業は、解放戦争後に激しい国際的・国内的な競争にさらされ、手織工の困窮化が進んだ。このようなわけで、ベルリンで本格的な工業化が始まる一八三〇年代より以前に、市内よりも家賃がまだ安かった郊外に貧困階級が集中した。

十九世紀初め、プロイセン王国の首都ベルリンは、市壁にかこまれた、旧市街とそれを取り巻く街区からなっていた。繊維工業を中心に多くの商工業者を

景となり、社会問題、社会主義が意識されるようになるきっかけとなった。

▼対ナポレオン解放戦争（一八一三〜一四年）　プロイセンとロシアを中心とした対仏大同盟が、フランスのナポレオンにたいしておこなった戦争のことを指す。一八一三年十月のライプツィヒの戦いで大同盟側が勝利し、翌一四年三月、ナポレオン体制は崩壊した。

▼シュタイン・ハルデンベルクの改革　プロイセン改革とも呼び、イェーナ・アウエルシュタットの戦いでプロイセン軍がナポレオン軍に敗北したことから、一八〇七年以降におこなわれた近代化をめざす改革。その指導者シュタイン、ハルデンベルクの名をとってこう呼ばれる。農民解放、地方自治改革、行政改革、営業の自由化、軍制・教育制度の改革などを含む。

王立鋳鉄製造所(一八〇六年頃)

かかえ、人口はすでに一七万人以上に達していた。市壁は、防衛の役割をはたさなくなったあとも、市内に商品を持ち込む者から消費税を徴収し、また、駐屯する兵士の逃亡を防ぐために維持されていた。

中心部から北西の方向にオラーニエンブルク門とハンブルク門があり、その郊外はフォークトラントと呼ばれていた。刑場と水車小屋ぐらいしかなく荒涼としたこの地域は、十八世紀半ばに廃兵院が建てられ、市内で働く建築手工業者のための居住地《コロニー》が建てられて以降、徐々に貧しい手織工や日雇いが住むようになっていた。一八〇四年、水車小屋の跡地に王立鋳鉄製造所が設立され、この地域の工業化の出発点となった。対ナポレオン解放戦争のさなか、軍需用生産のためにそこで働く労働者の数が増加し、一八二一年以降、隣接する敷地に労働者用の家族住宅四棟(各四家族用)が建設された。オラーニエンブルク門の近くには一八二六年、機械工エーゲルスの鋳鉄製造工場が、一八三七年、ボル▲ジヒの機械製造工場が建てられる。

この地域に殺到した下層民衆を収容するための住宅として、一八二〇年から二四年にかけて、ハンブルク門に接して、五棟の下層階級用住宅が完成した。

▼ボルジヒ　アウグスト・ボルジヒ(一八〇四〜五四)がエーゲルス鋳造所で機械製作の技術を習得したのち、オラーニエンブルク門外に創設した機械製造会社。蒸気機関を製造していたが、鉄道の開設とともに、蒸気機関車製造の分野で急成長した。

ボルジヒ鋳鉄・機械製造工場

ガルテン通りに面した、なかでも最大の住宅棟（「長屋」棟）は、半地下と二層の屋根裏をあわせて五階建て、一六部屋が暗い中廊下をはさんで両側に並び、全部で一五〇部屋を擁する、当時の一般住宅としては最大規模のものであった。フォン・ヴュルクニッツ男爵によって建設され、最高二五〇〇人以上が居住したといわれるこのファミーリエンホイザーこそ、市当局と国家当局が社会問題・住宅問題の危険性を意識するようになった最初の賃貸住宅の一つであった。

当局側が不安視したのは、狭い敷地と建物に非常に多くの貧民が集住することによって引き起こされる伝染病や不道徳の問題であり、しかもそれがこの地域だけでなく、都市全体に広がることへの恐れであった。とりわけ、一八〇八年の都市条令によって救貧行政をまかされた市当局にとっては、税金を支払わず、市財政にとって重荷となるだけで、猥褻《わいせつ》行為、飲酒癖、享楽癖、不潔、怠惰などの悪徳をまきちらし、支配体制を政治的危険にさらす貧民の集中は、経済的にも道徳的にも政治的にも大問題であると考えられた。

社会革命か住宅改革か？

一八三〇年代までおこなわれたこの議論が、市当局と国家当局、それに裁判所に限定されたものであったのにたいして、四〇年代にはいり、フリードリヒ・ヴィルヘルム四世が王位につくと、ファミーリエンホイザーは、反対派の新聞からルポルタージュのかたちで紹介され、「大衆的貧困」と社会問題・住宅問題の象徴として一般にも知られるようになった。七月革命▲ののち、パリに亡命していた急進的なドイツ人亡命手工業者(仕立て工)のあいだで一八三六年に結成された義人同盟に加わったヴァイトリング▲は、スイスに拠点をおいて新聞による宣伝活動を始めた。彼が編集する新聞『若き世代』の一八四二年九月号には、ベルリンの通信員によるルポが掲載された。狭い住居に家畜同然に下層民衆が雑居しているファミーリエンホイザーを批判するこの記事は、プロレタリアートの悲惨な社会的状態への洞察を促し、モーゼス・ヘス▲やカール・マルクスが協力するケルンの『ライン新聞』にも転載された。ヘーゲル左派▲から出発したヘスやマルクスは、こうした下層民衆の状態に衝撃を受け、社会主義に向かうことになる。そして、ファミーリエンホイザーの評判は、一八四三年

▼七月革命　一八三〇年七月、パリで起こった市民の革命で、復古王政以来のブルボン朝が倒された。オルレアン家の国王ルイ・フィリップ(一七七三〜一八五〇)のもと、七月王政が始まり、自由主義ブルジョワジーの影響力が強まった。

▼ヴィルヘルム・ヴァイトリング(一八〇八〜七一)　仕立て工としてパリでドイツ人亡命者が創設した追放者同盟にはいり(のち義人同盟に改称)、のちにロンドンでマルクス、エンゲルスらとともに共産主義者同盟に加入した初期社会主義者。

▼モーゼス・ヘス(一八一二〜七五)　ドイツ・ユダヤ系の哲学者。青年ヘーゲル派から初期社会主義者になり、マルクス、エンゲルスとも交友関係にあった。のちに「ユダヤ人の民族的アイデンティティ」について論じ、シオニズムの先駆者といわれる。

▼ヘーゲル左派　一八三〇〜四〇年代、ヘーゲル哲学の弁証法を受け継ぎながら、急進的な宗教批判、社会批判に向かったドイツ知識人のグ

に刊行されたベッティーナ・フォン・アルニム▲の書物によって決定的になった。
一八四〇年代までに、ベルリンの工業化は、オラーニエンブルク門の外側に形成された「機械製造工場街」で始まっており、鉄道の開通とともに、ボルジヒ社は代表的な蒸気機関車メーカーに成長していく。近くには頭端駅としてシュテティーン駅、ハンブルク駅▲が建設された。ハンブルク門からその東のローゼンタール門の外側には、一八四八年に約三〇〇〇名を数えた機械工場労働者を収容するための賃貸住宅が軒を連ねるようになった。

工業化が本格的に胎動するこの時期、ファミーリエンホイザーには、貧しい手工業者、日雇い労働者、独身女性などが吹溜りのように寄せ集められていた。一八四二年の統計(居住者二一九〇人)によると、手工業者は全体の六四%、なかでも厳しい国内外の競争にさらされていた手織工は四四%を占めた。日雇い労働者が一四%でこれに続き、その他、独身女性二一%、自営業者〇・七%、傷病者〇・七%がここに住まいをおいていた。住宅の大部分は、暖房兼炊事用のかまどのついた一部屋しかなく、住民の大半は、家財道具や手織機をおけばいっぱいの部屋に五〜六人で住んでいた。問屋に支配された多くの手工業者に

ループを指し、青年ヘーゲル派とも呼ばれる。

▼ベッティーナ・フォン・アルニム（一七八五〜一八五九）　フランクフルト・アム・マインの裕福な商人の家に生まれた作家。ベルリンのサロンに出入りし、社会問題に目覚めてハインリヒ・グルンホルツァー（一八一九〜七三）のファミーリエンホイザー探訪記を付録に載せた『国王に捧げる書』を一八四三年に出版した。

▼ハンブルク駅　一八四六〜四七年、ベルリン・ハンブルク鉄道の終着駅として後期古典主義様式で建造された。一八八四年、近くにレールテ駅が開業したため、閉鎖され、その後は博物館・美術館として活用されている（現在は現代美術館）。

手織工の作業場（一八四〇年頃）

とって、住居は同時に仕事場でもあった。多くの職人は家族や徒弟を使って一日中労働しても、生活するのにぎりぎりの最低限度の収入しかえられず、家族の半数以上は、市から救貧補助を受けていた。

それにもかかわらず、市当局や保守派の市民層、教会関係者にとっては、彼らの自堕落な生活態度、規律・秩序・勤勉・従順・敬虔の欠如こそが貧困をもたらす悪徳なのであり、国家秩序にとっての脅威であると認識された。とくに一八四八年三月革命の時期に、フォークトラントは労働者の運動の発火点にもなったから、なおさらであった。また、ここでの家族関係の崩壊は子どもにも悪影響を与え、共同生活によってますます悪徳の深みにはまっていくと考えられた。教会関係者は、一八二〇年代後半からファミーリエンホイザーの住民への布教活動を始め、無料学校を開いて貧しい住民の子弟にキリスト教精神を植えつけようと試みていた。

ファミーリエンホイザーは、プロイセン国王フリードリヒ・ヴィルヘルム四世の治下、保守派や教会関係者が中心となって推し進めた貴族的・身分制的「キリスト教国家」構想のなかで、監獄改革や救貧政策とともに無産貧民の教

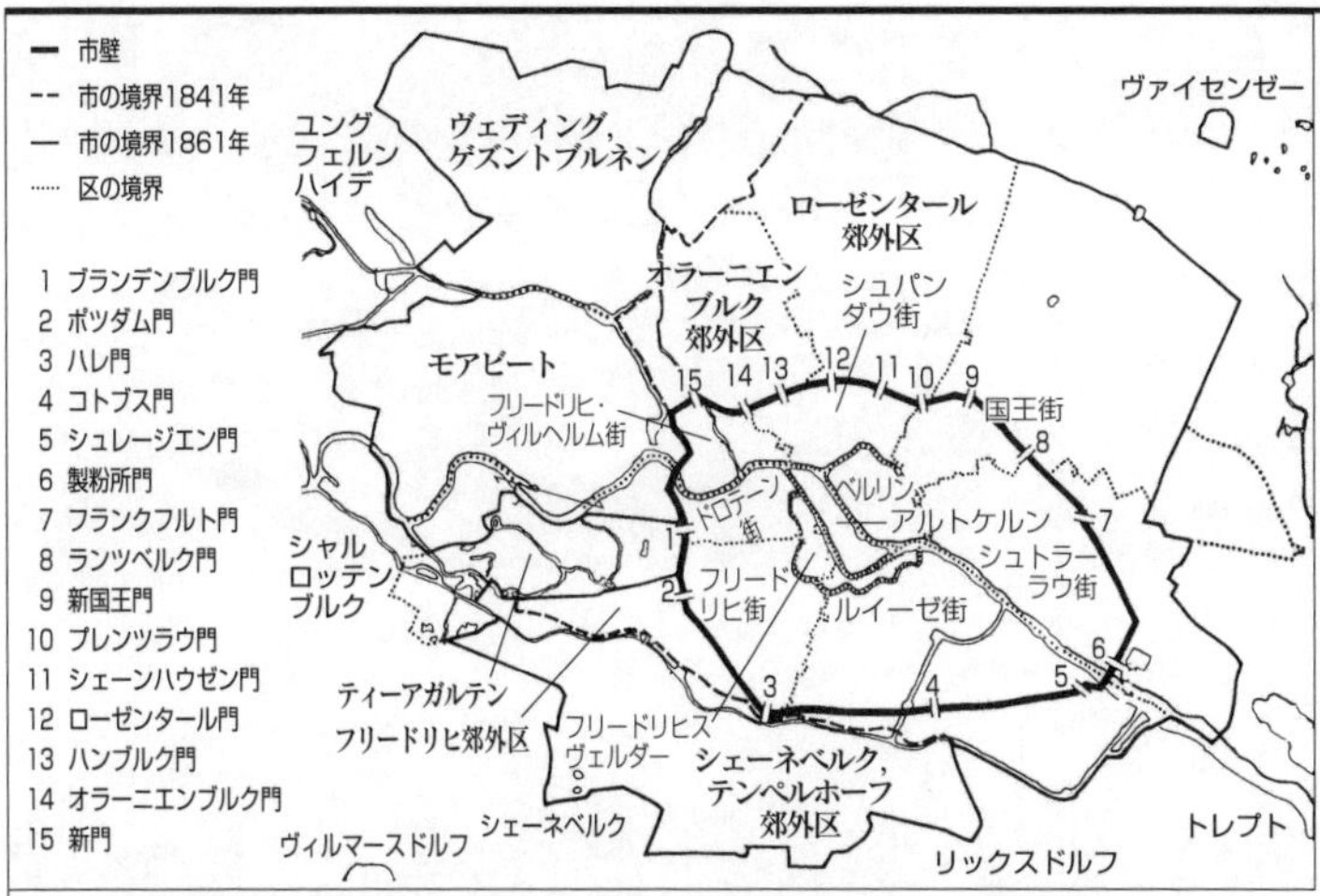

●ベルリン市街図（一八四一〜六一年）

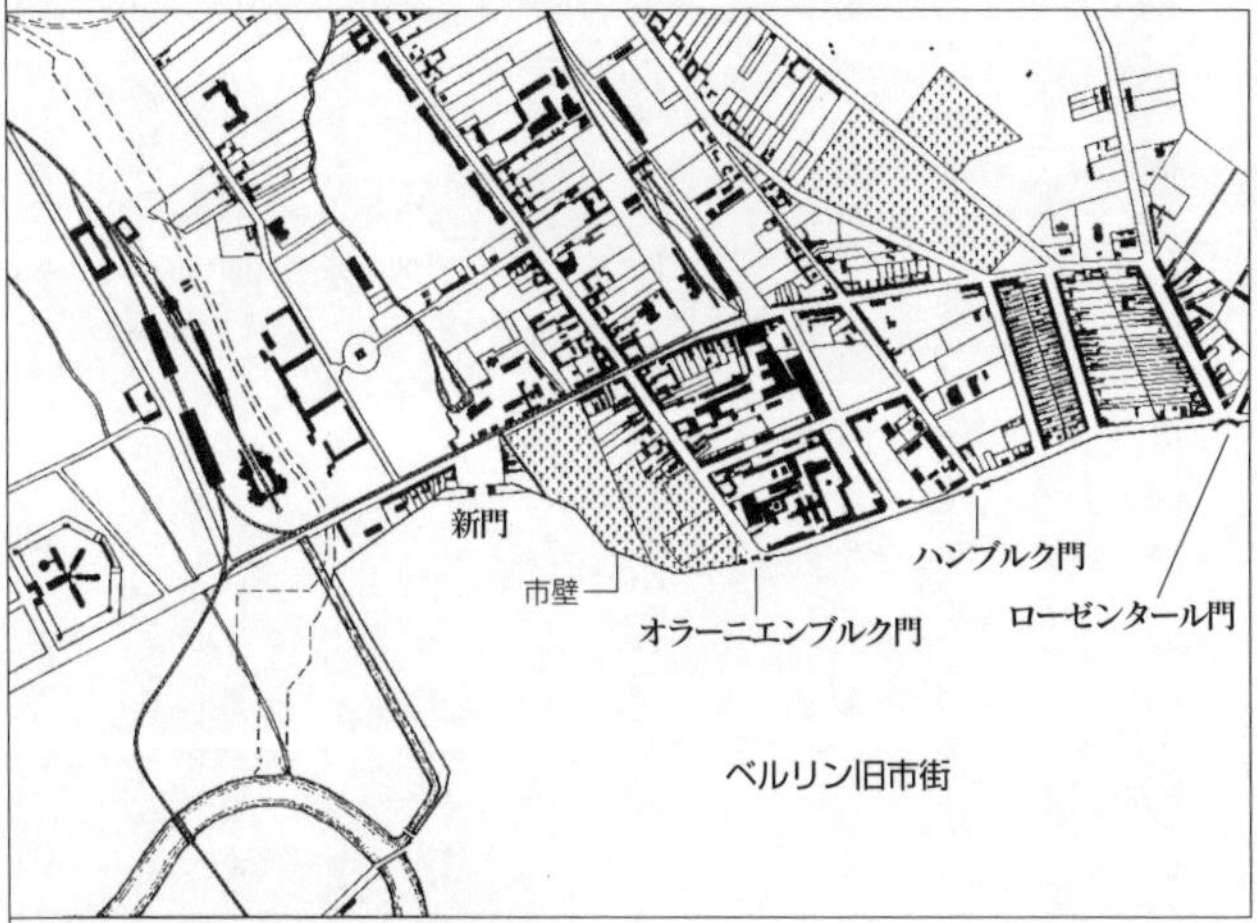

●フォークトラント（一八五六年）

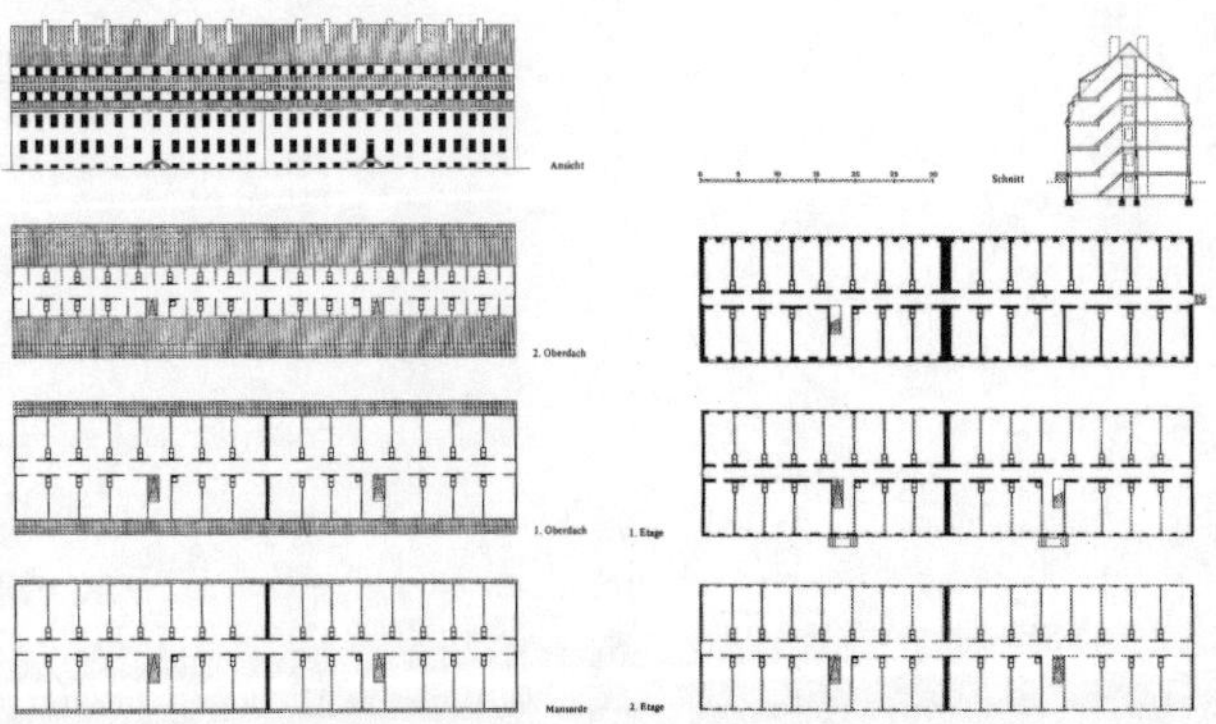

●ファミーリエンホイザー・「長屋」棟

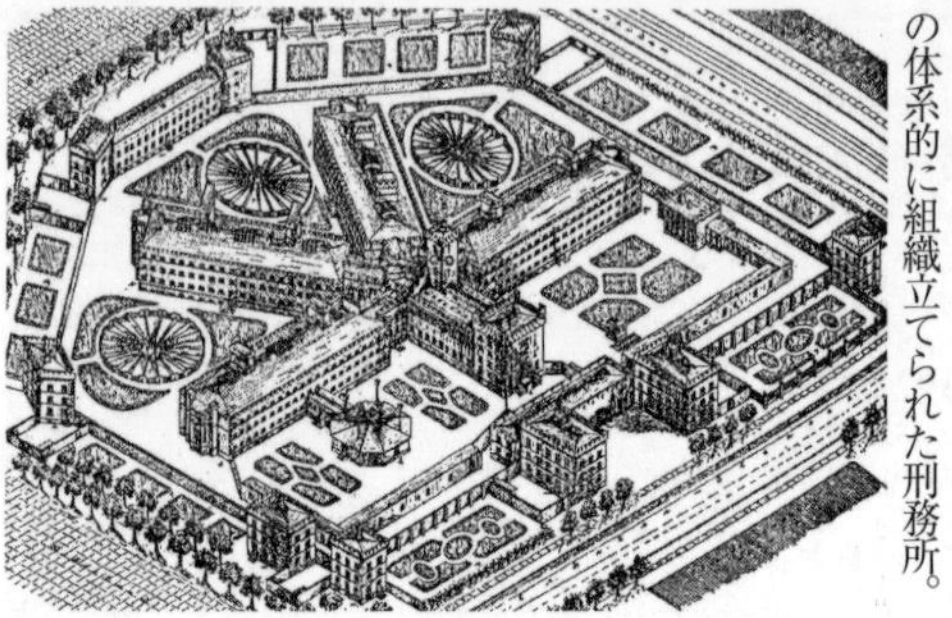

モアビート監獄　一八四二〜四九年に建造されたプロイセンでは最初の体系的に組織立てられた刑務所。

▼ヴィクトーア・エメ・フーバー（一八〇〇〜六九）　文学史家・社会改革者。一八四三年ベルリン大学に招聘されたのち、イギリスに研究旅行し、「国内植民」と住宅改革を訴えて、ベルリン公益建築協会に加わった。

化と規律化をはたすための住宅改革の計画の基点の一つとなった。マルクスの『ライン新聞』など反政府的な言論に対抗するために、国王政府が一八四三年にベルリンに招聘《しょうへい》したヴィクトーア・エメ・フーバー▲は、バーミンガムとマンチェスターを視察して帰国したのち、「国内植民」を唱えた。彼の構想の核は、ファミーリエンホイザーのように貧民が密集する巨大な兵舎風住宅ではなく、イギリスに倣った労働者用の小住宅（コテージ）を建て、アソシエーションに組織化することによって、無産者の道徳心を向上させ、「キリスト教的家族生活」を送らせることであった。

フーバーの計画を受けて、カール・ヴィルヘルム・ホフマンらは、一八四七年から「ベルリン公益建築協会」の設立にとりかかった。彼は、無産者を密集させ、家族生活を破壊したファミーリエンホイザーを非難し、「細民」に市民層の規範に倣った家族向けの「健康で安価な住宅」を提供し、彼らを押し寄せるプロレタリアの大波にたいする強力な「防壁」にすることを提唱した。「協会」は一八四九年初めに発足し、借家人組合を結成して無産労働者をやがては家持ちの勤労所有者にすることを目的に、五二年までにベルリンの南東部と北部にあわせて一二棟の四階建て住宅を建設し、五二〜五三年には北部郊外ブレーマーヘーエにコテージ形式の住宅六棟を建てた。

こうしてファミーリエンホイザーは、一八四〇年代の「大衆的貧困」を象徴する住宅となり、社会主義や社会改革の触媒となっただけでなく、ドイツにおける住宅改革運動の出発点ともなったのである。

「ドイツの家の精神」

近代化・工業化にともない、都市への貧困層の集中によって生じた住宅問題の解決は、たんに低所得者用の住宅をいかにして大量に確保するか、という問題だけではすまされなかった。社会問題・住宅問題は、プロレタリアートの社会革命からどのようにして支配体制を守り、市民社会の秩序を維持するのか、という体制の根幹にかかわる問題としてとらえられた。

市民層によって社会改良のために結成された「勤労諸階級福祉中央協会」▲の機関紙に一八四八年革命のあとに載った以下の記事は、こうした脈絡をよく伝えている。

ブレーマーヘーエのコテージ住宅

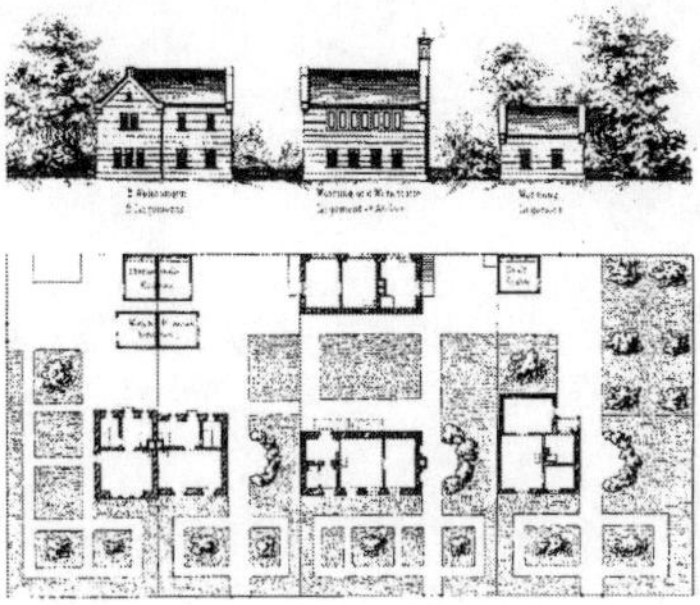

▼勤労諸階級福祉中央協会　一八四四年にベルリンで開催されたドイツ関税同盟産業博覧会、同年のシュレージエン織工蜂起に引き続いて準備がおこなわれ、四八年に正式に設立された。その機関紙をつうじてドイツではじめて住宅改革を本格的にテーマとしてあつかった。

これまで絶えず社会的貧困、社会的な放蕩および政治的な危機の決定の現場であった大都市においては、しかし、狭小住宅の悲惨な状態が不潔でますます増大する地歩を築いている。家庭にはびこる荒廃がそこから法外な養分を引き出し、あらゆる改良と改善のもっとも力強い支柱である家庭の幸福が無限なほど萎縮している。……いまやしかし、かつてより民族の道徳的な力を絶えず新たに若返らせてきたのは、まさしくドイツの家の精神であり、したがって、大都市の住民の多数、いわゆる細民が市民社会全体にひどい害を与え、この方面からますます失ってきたものをふたたび獲得する道を開かなければ、まさしくわれわれの民族の道徳的な向上と改善はおよそ考えられないのである。そしてドイツの家の精神は、快適にわが家に宿る。それは、気遣いのある主婦が疲れる仕事から帰る活動的な夫を暖かくむかえいれる場所に祝福の言葉をつなぎとめる。（傍点、原文強調）

こうした視点から、さきのホフマンの提言では、労働者層の住宅は、市民層のキリスト教的家族をモデルに、下宿人やベッド貸し▲を排除し、外部に閉じられた家族の私的な住宅が構想されていた。このため、階段から直接つうじる入

▼**下宿人・ベッド貸し**　ドイツでは工業化の時代、借家人が借りている部屋の一つまたは寝場所のベッドだけ又貸しして、家賃負担の足しにすることはごく日常的におこなわれていた。市民層は、下宿人やベッド貸しが家族の道徳的堕落をまねくことを憂慮し、その排除を主張した。

り口を設け、他人と出会う開放的な通路は避けられた。また、フーバーの構想にみられたような、洗濯場・集会所などあらゆる共同施設も排除された。さらに、寝室と台所を分離し、各部屋につうじる小さな玄関ロビーを導入するなど、プライヴァシーを守る機能的な間取りが考えられ、あらゆる農村的要素は取り除かれるものとした。その一方で、住民同士が相互監視する原則を打ち立て、住民の態度よろしき場合にはそれに報いる制度を設けるはずであった。こうして、市民層の家族・住宅モデルが労働者用の住宅にも適用された。

フーバーやホフマンの計画は「ベルリン公益建築協会」が建てたモデル住宅で実験された。しかし、低廉なコテージ・タイプの住宅は、ベルリンのように地価が高騰する大都市では実現が困難であったし、職を求めて頻繁に引っ越す労働者家族が三〇年年賦を支払いつづけて住宅の所有者になることも現実的ではなかった。こうした計画はやがて、十九世紀後半以降、企業が建設する従業員用社宅や各地の田園都市計画に引き継がれていくことになるが、この段階では、「協会」の構想は破綻せざるをえなかった。

▼ジェイムズ・ホーブレヒト（一八二五〜一九〇二）　ベルリン建築アカデミーなどで学び、王立警視庁の計画委員会をまかされて、ベルリンの都市計画を策定した（ホーブレヒト・プラン）。のちにベルリンの下水道敷設にたずさわった。

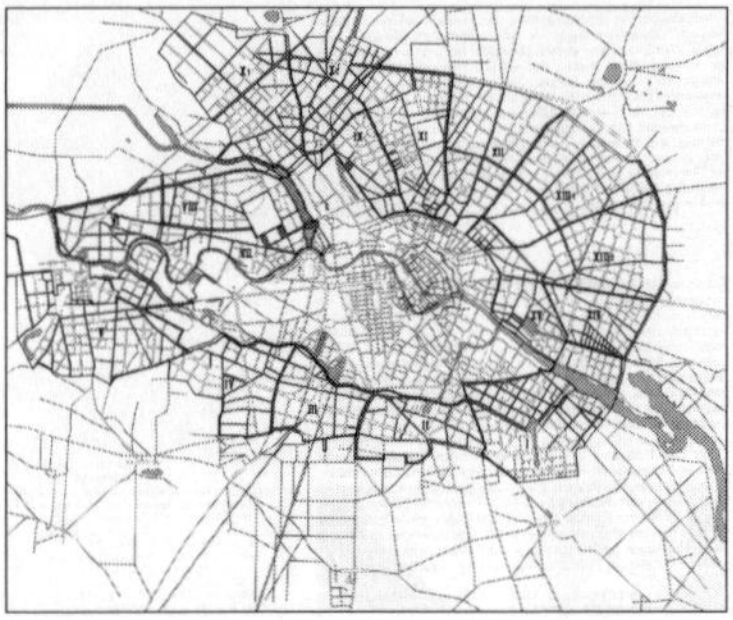

ホーブレヒト・プラン

都市計画と「賃貸兵舎」

十九世紀半ば以降、ベルリンでは人口が急増し、郊外に向かって無秩序に市域が膨張しはじめた。人口は、一八〇一年に一七万人だったのが、四九年に四一万人、八〇年に一一二万人、そして一九一〇年には二〇七万人へと、じつに一〇倍以上になった。人口増加の大半はベルリンの外から職を求めてこの都市に流入した人びとであり、彼らの出身地は、近郊のブランデンブルク州、シュレージエン州、ザクセン州、ポメルン州などプロイセン邦が圧倒的に多かった。

貧困と病気、火災や革命に対処する方策が都市にも求められ、社会問題は都市問題になる。しかし、絶対王政期にかたちづくられた街の基本的構造ではそれに対応できず、水道や下水道、ガス、電気などの都市の公共施設を整備し、市域と道路網を計画的に整備するために新たな建築計画が必要になった。

一八六二年に発効した「ベルリン周辺地域の建築計画」は、プロイセン内務省の委託を受けて、王立警視庁の計画委員会が策定したもので、その責任者ジェイムズ・ホーブレヒト▲の名をとって「ホーブレヒト・プラン」と呼ばれる。このプランは、フランスでナポレオン三世の治下、セーヌ県知事オースマンによって実施されたパリ改造計画に倣い、ベルリンとその周辺部において、都心部を取り巻く二重の環状道路と都心部から放射状に郊外に向かう大通りを建設し、公共施設を整備することによって国王の居城都市から近代的な大都市への転換を成しとげようとする野心的な計画であった。しかし、このプランは、住居の最低基準、建物の高さ(五〜六階建て、二〇メートル)と中庭の広さ(五・三四メートル四方)だけを定めた一八五三年の建築条令とあいまって、巨大な街区に中庭をはさみ敷地の四辺に建物が配置された巨大な兵舎風賃貸住宅、通称「賃貸兵舎《ミーツカゼルネ》」の密集を生み出したといわれる。

だが、ベルリンを「世界最大の賃貸兵舎都市」(ヴェルナー・ヘーゲマン)にしたのは、こうした都市計画の不備とともに、急速な人口増大と都市の膨張によって民間による激しい土地投機と乱開発がおこなわれ、低所得者用の賃貸住宅は、できるかぎり多くの住人を収容しなければ引き合わないという事情があった。

②―工業地帯の労働者社宅

アイゼンハイム

十九世紀半ば以降、工業の発展と人口の集中によって、大都市や工業地帯の住宅事情は急速に悪化し、住宅問題・都市問題が社会政策の最重要課題として浮上した。ベルリンでは、大規模な都市計画が試みられ、公共施設もしだいに整えられていったが、安い家賃の労働者用住宅は決定的に不足しており、ドイツ帝国創立期のバブル経済の影響もあって、工場地帯の周辺には、巨大な「賃貸兵舎」の建築ブロックが生み出されていった。

これにたいし、ルール地方では、とりわけ一八三〇〜四〇年代からドイツ関税同盟の成立、鉄道建設の本格化を契機にして、鉄と石炭を主軸とする工業地帯が形成されていく。十九世紀中葉から泥灰岩層を突き抜ける深部採掘が可能になるとともに、炭鉱地帯はルール川一帯から北上し、都市の基盤整備や住宅建設が人口の増加に追いつかない状態になった。遠方から労働者を募集し、企業に確保しておくために、大規模な社宅団地の建設が推し進められるようになった。ルール地方でもっとも早いその例として、オースタフェルトに建設されたのがアイゼンハイムである。

一八四六年、オーバハウゼンからその北にあるシュテルクラーデにぬける街道沿いに、労働者用住宅団地アイゼンハイムの建設が始まった。建設したのは、ヤコービ、ハーニエール&フイセン製鉄所・商会である。この会社は、一八一〇年、オースタフェルトのアントニー製鉄所、シュテルクラーデのグーテ・ホフヌング製鉄所、およびエムシャー河畔のノイ・エッセン製鉄所を合併して成立したもので、四二年からエムシャー河畔のパドル精錬・圧延工場で鉄道のレールを製造するようになってから、急成長をとげることになる。同社は、コークス高炉の建設によって製鉄事業を拡張し、一八七三年にグーテホフヌング製鉄会社▲に社名を変更して、炭鉱と製鉄・精錬所をともに経営するルールの代表的な企業に成長する。その間、会社の従業員数は、一八四二年の約二〇〇〇人から六五年に約五〇〇〇人へ、十九世紀末には、炭鉱夫を含めて約一万八〇〇〇人へと急速に増加した。

製鉄所は、外国から導入された技術を使うために熟練工を緊急に必要とした。

▼グーテホフヌング製鉄会社　石炭商から出発したルール石炭・鉄鋼業の創立者世代としてマティーアス・シュティネス(一七九〇～一八四五)と並び立つフランツ・ハーニエール(一七七九～一八六八)らが創業した。ハーニエールは、ツォルフェアアイン炭鉱やライン左岸のラインプロイセン炭鉱の創設など、幅広く事業を展開していた。

グーテホフヌング製鉄会社パドル精錬・圧延工場

外来の親方に魅力的な住居を提供するため、一八四六年春、街道沿いに七軒の親方住宅を建設したのを皮切りに、一九〇三年までの五七年間にわたって計五一軒の労働者用社宅を完成させた。最初の親方住宅は農村風の二戸建て住宅であったのにたいし、それに続いて建てられた住宅は兵舎風の後期古典様式の都市の長屋住宅のスタイルであった。一八六五～六六年に新築された七軒の住宅では、アルザスのミュルーズ労働者都市▲ではじめて大規模に採用されたという十字平面の四戸建て住宅の形式が採用された。四家族がたがいに独立した空間で生活できるよう工夫され、以後このスタイルが踏襲された。住宅には別棟の家畜小屋と広い菜園が付属し、休みの日には畑仕事ができるよう、農村部出身の住民への配慮がなされていた。大都市ベルリンでは実現されなかったコテージ風の労働者住宅団地は、ルール地方の社宅の標準的なスタイルになった。

　アイゼンハイムには、さまざまな地域からきた極めて雑多な人たちが入居し、そのなかには親方だけでなく、職長や専門工、単純労働者、日雇いまでも含まれた。彼らのほとんどは、歩いて約半時間の距離にあるパドル精錬・圧延工場で働いていた。しかし、一八九七年から一九〇三年に建造された住宅には、

▼ミュルーズ労働者都市　繊維工業都市として十九世紀前半に人口が急増したミュルーズに一八五三年から建設された労働者住宅団地。コテージ風小住宅の整然とした配置によって一二四〇戸、一万人の労働者家族が居住できるようにした。

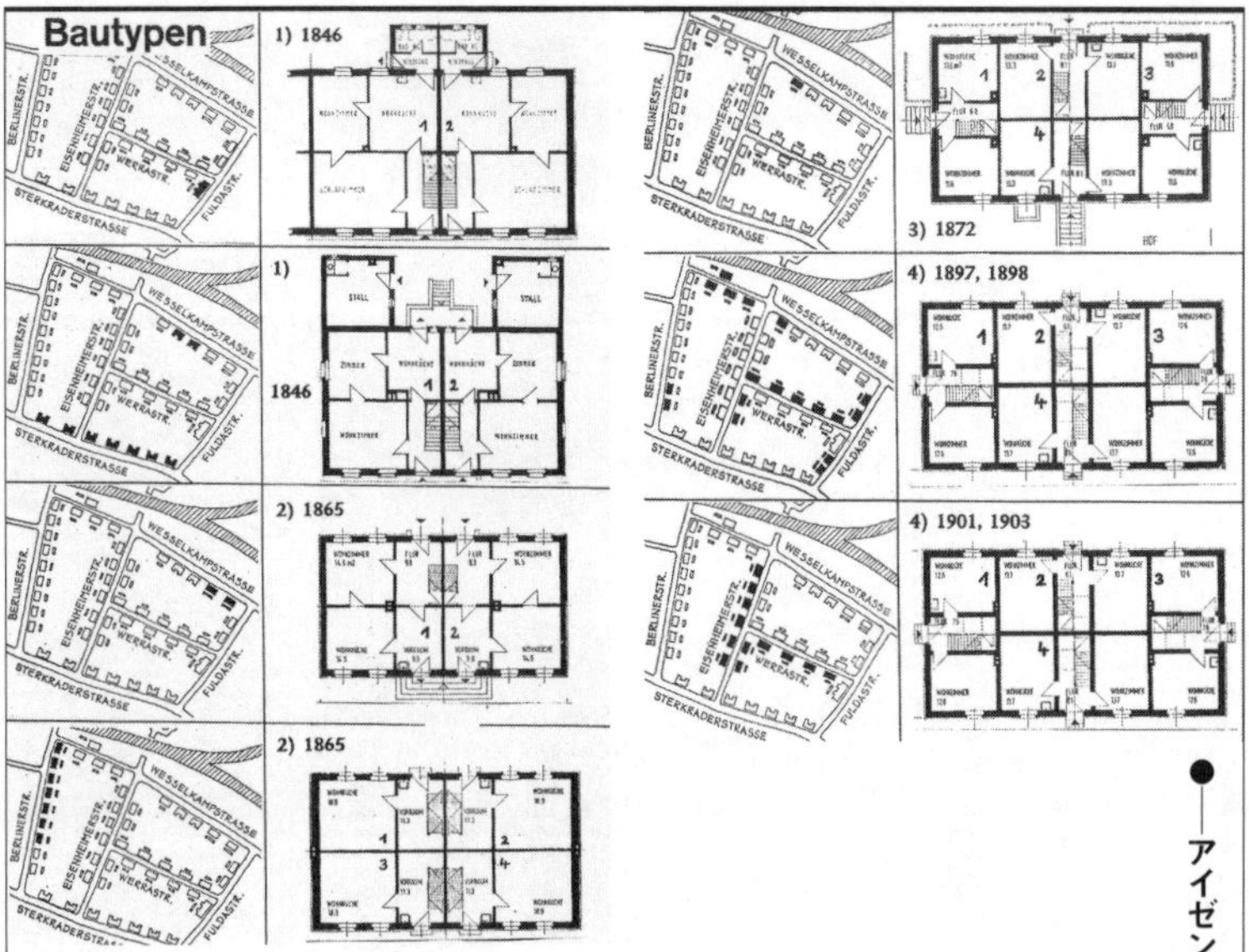

●―アイゼンハイムの住宅平面図

●―アイゼンハイム・シュテルクラーデ街道の親方住宅

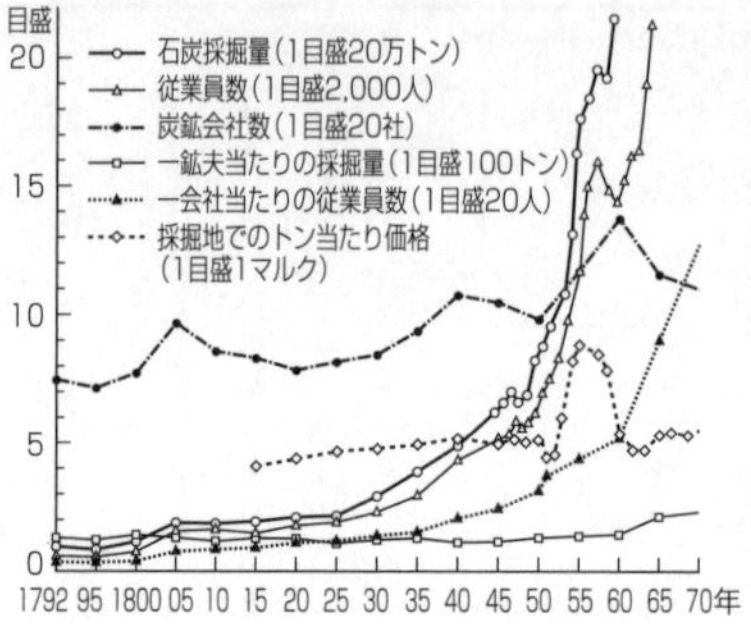

ルール地方の石炭採掘量と従業員数
（一七九二〜一八七〇年）

オースタフェルト炭鉱の鉱夫だけが入居し、圧延工場の親方たちは「異質な炭鉱労働者」の入居によって落ち着いた生活が脅かされている、と抗議したという。

炭鉱社宅の建設

一八六〇年代以降、ルールの石炭・鉄鋼業は急成長をとげた。それまで鉱山の採掘と経営を指導・制約していた鉱山官庁による「監督原則」が廃止され、石炭産業にようやく営業の自由が宣せられると、多くの炭鉱会社はルール川一帯からその北のエッセン、ボーフム、ドルトムントの地帯に進出し、一八七〇〜八〇年代になるとエムシャー川流域よりさらに北の地帯（オーバハウゼン、ゲルゼンキルヒェン、レクリングハウゼン）にまで採掘を進めた。一方、製鉄業においても、鉄道の建設を契機にした鉄需要の増大によって、ルールにもコークス高炉が本格的に建設されるようになり、帝国創立期以降、クルップやグーテホフヌングといった大企業は、石炭の採掘から製鉄・精錬、機械製造まで一貫して生産をおこなう総合的な大企業に成長していった。

ルール地方諸都市の人口（一八一六／一八～一八九五年）

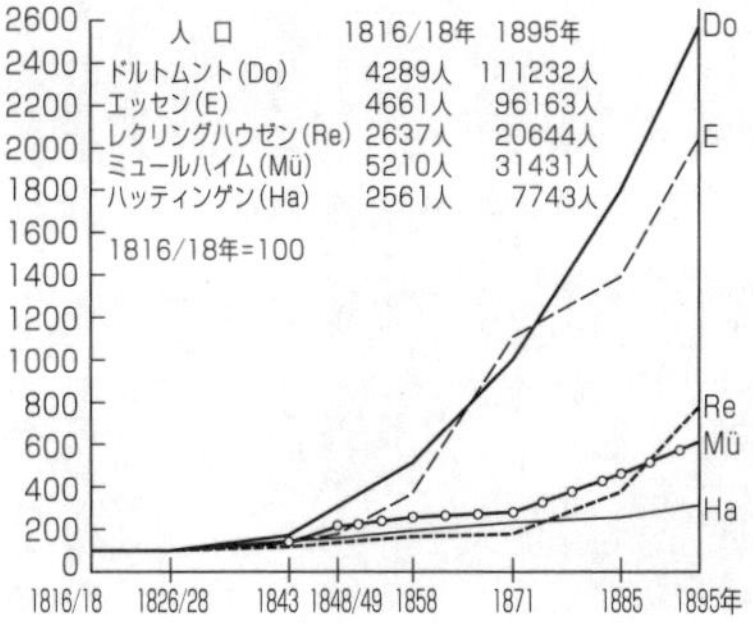

▼マズール系　東プロイセン内陸部（現ポーランド北東部）の湖沼地方に住むマズール語を話す人たち。プロテスタントでドイツ帝国創立後の東部ゲルマン化政策によってドイツ社会への同化傾向を示していた。

それまで街道沿いの町を除けば、ほとんど荒野と農村だった地域は、炭鉱や工場の設立、その周辺の労働者住宅の建設によってみるみるうちに巨大な工業地帯に変貌していった。とくに十九世紀末以降、北部の諸都市の人口の伸びは著しかった。例えば、オーバハウゼンでは、一八六二年にはわずかに五五九〇人だった人口が、一九一〇年には八万九九〇〇人にまで膨張した。レクリングハウゼンも同様で、一八七一年に四八五八人だったのが、一九一〇年には五万三七〇一人へと急成長した。工業地帯ににわかに新しい労働者街が形成され、裕福な市民層が住む地域と居住区域がはっきりと分かれた。

ルールの炭鉱では、石炭採掘高が一八三〇年の五七万トンから五〇年一六七万トン、八〇年二二三六万トン、一九〇〇年六〇一二万トンにふえるとともに、従業員数もそれぞれ四四五七人から一万二七四一人、七万八二四〇人、二二万人へと増加した。急激な成長に必要な労働力の募集が追いつかず、一八七〇年代から多くの炭鉱会社はドイツ東部諸州出身者を呼び寄せるようになった。ルール鉱夫のなかで占める東部出身者の比率は、第一次世界大戦前には三分の一にまで上昇し、そのなかにはポーランド系やマズール系▲もまじっていた。彼

▼アレンシュタイン　東プロイセン内陸部の都市。現在はポーランド北東部マズーリ地方のオルシュティン。

▼ケーニヒスベルク　東プロイセンの州都でプロイセン東部諸州の中心都市。現在ロシアのカリニングラート。

クルップ・バウムホーフ団地

らの多くは東部農村地帯での隷属を逃れ、新天地に活路を求めたのである。

私の父は、東プロイセンのアレンシュタイン▲近郊の出身です。父の故郷の村全体が、大きな農場に属していました。彼の両親はそこで奉公人をしていて、農場主に従属し、農場での奉公を義務づけられていました。子どもたちは、そこで自明のことながら手伝わなければなりませんでした。……父は一八八〇年に生まれ、一九〇〇年にケーニヒスベルク▲で兵隊となりました。村の知合い数人はもうヴェストファーレンにいて、そこから父に手紙を書きました。「アウグスト、兵役を終えたらこちらにきなさい。ここは乳と蜂蜜が流れるところだよ」。それを知り、父は独り言をいいました。「それならすぐにだ！」父は軍隊からすぐにホーホラルマルクに直行しました。……一九〇二年に父はホーホラルマルクにきて、ようやく一〇年に結婚しました。父のような若い鉱夫にとって、ある意味ではここは本当に乳と蜂蜜が流れるところでした。父は自分のお金を稼ぎ、家族を養う必要がなく、力があり、すぐに元気をとりもどし、健康で、すでに一〇年から一二年炭鉱であくせく働いた人ほどひどい目にはまだあっていませんでした。そのうえ、父は、彼よりも前からすでにそこに暮している東プロイセンの人の助けをえられました。父は、東プロイセン人の家族に受け入れられました。当然、下宿代は払いましたが、だからといって作業着を自分で繕うことなどありませんでした。東プロイセン出身の老婦人が、若い鉱夫から取り上げてやってくれたのです。

これは、レクリングハウゼンのホーホラルマルク三角団地に住んだある住人の回想である。彼の父は、隷属的な奉公人の息子として農場主のいうことを聞き、手伝わなければならなかった。その父が、「乳と蜂蜜が流れるところ」という村の知合いの話を聞いて一目散にルールに向かったのは当然であったかもしれない。彼が頼ったのは、東プロイセンの同郷人の人脈であり、若い独身鉱夫の常としてある家族の住宅に下宿したのである。

ルール北部に進出したルールの炭鉱は、近隣出身者だけでは労働力が不足したことから、ドイツ東部に募集人を派遣して炭鉱に労働者を勧誘した。社宅団地の建設は、石炭・鉄鋼の大企業では、年金や疾病《しっぺい》金庫などと並ぶ企業内福利

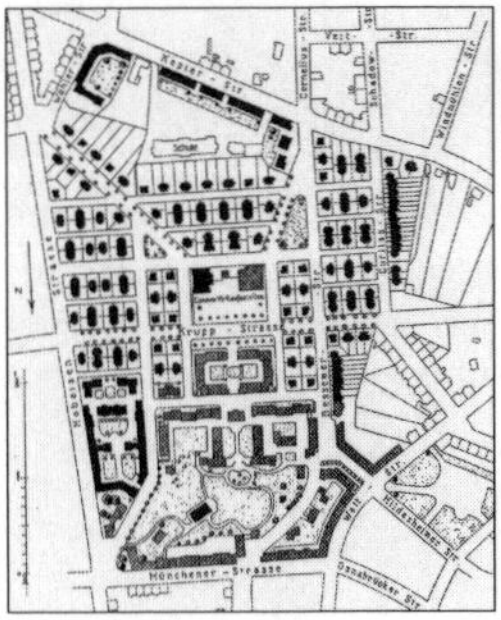

クルップ・アルフレーツホーフ団地平面図

政策の重要な一環として位置づけられ、企業に必要な労働力を確保し、鉱夫の頻繁な職場移動を防ぐとともに、会社に忠実な基幹労働者を育成するため、大規模に進められていた。なかでもエッセンのクルップ社▲は、「一家の主《ヘル・イム・ハウゼ》」▲として専制的な企業経営をおこなう一方で、従業員の利益と福利のために、市内に低廉で広い社宅団地の建設を一八六〇年代から推し進めたことでよく知られる。

一九〇一〜〇三年、ハルペン炭鉱会社は、レクリングハウゼンⅡ坑の第二立坑の創業開始に合わせて、一八八五〜八六年に建設されていた最初の炭鉱社宅「旧団地」の近くにもう一つの炭鉱社宅を建設しはじめた。もともと広場だった場所を中心に三角形のかたちにまとまっているところから、「三角団地」という名称がついた。はじめに第一期として完成した六二軒は、二階建てで十字平面の四戸建て住宅であり、家の脇に付属して建てられた家畜小屋は、一階が小家畜用で、二階は干し草置場と賄付き下宿人用の小部屋だった。家畜小屋を含めて住宅の総面積は約七五平方メートルあった。さらに、一九〇七年、社宅の北・東側に二列の三三軒からなる四戸建て労働者住宅が完成した（一戸当たり六〇平方メートル）。このほか、ゆったりとつくられた職員用の二戸建て住宅

▼クルップ社　一八一一年、フリードリヒ・クルップがエッセンに鋳鋼工場を設立し、その子アルフレートのもとで鉄道の部品や大砲の製造でドイツを代表する大企業に発展するとともに、近代ドイツの経済的・政治的発展を支えた。

▼「一家の主」（ヘル・イム・ハウゼ）　一八七二年にアルフレート・クルップがストライキにさいして述べたとされる言葉に由来する。労働者の利益代表（労働組合）を排除する専制的な経営と、進んだ福利制度によって従業員を企業内に統合しようとするドイツ大企業経営者の意識・立場を示す。

ホーホラルマルクの位置

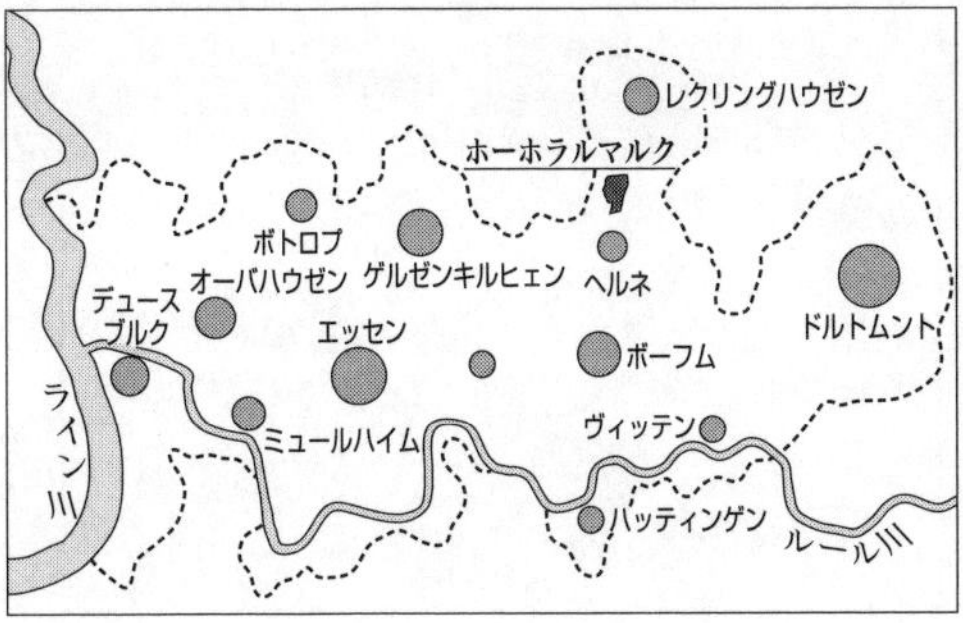

も完成した。

これによってホーホラルマルクの人口は、一九〇〇年の二七五五人から〇五年四〇三一人、一四年六五三〇人へと急増し、就業者のうちで鉱夫が七一・七％（一九一四年）を占める炭鉱街が形成された。炭鉱従業員の出身地は、一八九〇年代まで近隣地域、ヘッセン、テューリンゲン、ザクセン、シュレージエンだったのにたいし、それ以降はポーゼン、東プロイセン、西プロイセンなど東部諸州が激増し、一九〇二～一四年には平均すると従業員の四七・三％を占めた。ポーランド系は、住民中の比率で二割以上になり、一九〇四年には三七七六人中九二九人（二四・六％）であった。

ホーホラルマルク

炭鉱従業員のうちで社宅に入居した者は、二～三割をこえればいいほうで、多くは狭くて家賃が高い民間の住宅を借りざるをえなかった。ハルペン炭鉱会社は、一九一一年までに全体で四九八四戸の労働者住宅を建設し、その多くは三～四部屋の比較的ゆったりとした造りであったが、社宅に入居できたのは労

ホーホラルマルク（一九一〇年頃）

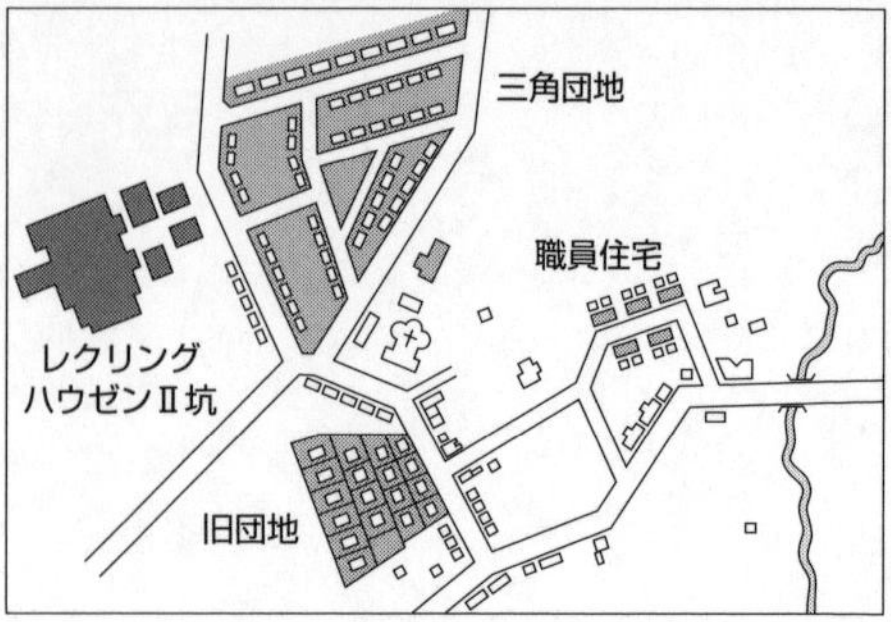

働者総数の二〇％にすぎなかった。

社宅にはいれた者は幸運ではあったが、暮しは楽というにはほど遠かった。家畜を飼い、菜園を耕し、きつい炭鉱労働のあとで副業にまで手を出した。ここでの生活は、都市的というよりは、農村的な生活の様式をたぶんに引き継いでいた。

三角団地が建設されたとき、東プロイセン、ポーランド、ザクセン、シュレージエンといった、あらゆる所から労働者が家族とともにやってきました。

彼らは、まだ窓と扉が社宅の住居につけられていないときにもう入居しました。……入居した人たちにはみなたくさんの子どもがいました。だれもが、豚、鶏、ヤギ、ウサギ、ガチョウ、アヒルなどの家畜を飼っていました。……

鉱夫は厳しい労働条件のもとで働かなければなりませんでした。作業方の開始時には鐘が鳴らされました。

鉱夫は、スコップとつるはしでたくさん働かなければなりませんでした。

ホーホラルマルク三角団地

仕事から帰ってきても、家族に腹いっぱい食わせたいなら、副業をしなければなりませんでした。職人仕事を習っていた人は多く、副業でいくらか稼ぐことができました。指物《さしもの》師、ブリキ工、錠前師、靴職人などでした。さらに彼らは、木材置場に働きにでかけていき、森が伐採されるときには、切り株を引き抜き、土地が耕せるようにしました。そのかわりに数年間は小作料を払わなくてよかったのです。……鉱夫には交替で朝作業方、昼作業方、夜作業方がありました。土曜日に夜作業方だった人は、日曜の朝に家に帰り、もし日曜日にダンスをしに行き、遅くなってから家に帰り、それから朝作業方に出かけると、ベッドにはいる間もありませんでした。

レクリングハウゼンⅡ坑では、ルール北部の他の炭鉱と同様に、排水、運搬・巻上げには蒸気機関を用いていたが、坑内労働は依然として手作業でおこなわれていた。鉱夫の先山《さきやま》（採掘夫）は、切羽《きりは》（採掘現場）でつるはしを使って石炭を掘り出し、スコップで集めた。それを後山《あとやま》（運搬夫）が炭車で坑道（斜坑または水平坑道）まで運んだ。それから炭車を立坑まで引いていくのは、馬方の役割だった。坑内労働の機械化は、ようやく一九二〇年代から本格化し、鑿岩《さくがん》機

ホーホラルマルクの鉱夫家族 左右両端は、この家族の下宿人。当時まだ自転車は高価だったため、誇らしげである。

やコールピックによって石炭を掘り出し、それを揺動式のシェーカーコンベアによって坑道まで搬出するようになる。

鉱夫仲間は、先山、先山見習い、後山からなる、通常は四~六人のグループで作業していた。この鉱夫組は、鉱夫組頭の指揮のもと、石炭の採掘から運搬、支柱作業を請け負った。鉱夫組は、切羽の状況に応じ監督係員との交渉によって仕事を請け負い、賃金を組ごとに支払われた。危険と隣合せに作業する鉱夫組はかたい結束と高い自律性を有していたといわれ、一八八九年や一九〇五年のルール炭鉱大ストライキにおいて鉱夫が連帯行動を起こす前提となった。一般の鉱夫と監督係員、炭鉱官吏とのあいだには、はっきりとした序列と社会的格差があり、それは労働現場だけでなく、社宅団地でも住む住宅の広さの違いとなってあらわれていた。上の者にたいする鉱夫の階級的連帯意識は、労働者組織の結成によって組織化されていくが、その根底にあった搾取と抑圧の経験はときとして組織を飛び越えて噴出した。

家庭での女の仕事も楽ではなかった。「女には日曜日はなく、仕事がいっぱいありました。子どもと家畜の世話をし、作業着を繕い、風呂用の木製または亜鉛でできた洗い桶で洗濯しなければなりませんでした。……下着はたいてい自分で縫いました。縫うことができない人は、お針子を雇いました。お針子は家にきて、そこで下着や洋服を縫いました。ガチョウがいるところでは、冬に手で羽毛をむしりました。夜みんなで集まり、そこに知合いやお隣さんが加わって羽毛をむしるのを手伝いました。おしゃべりをして楽しく過ごしました」とある鉱夫の妻は回想している。坑内労働での連帯は、社宅街での家族同士の助け合いによって補完されていた。

鉱夫の労働

統制と連帯

回想にもとづく鉱夫家族の生活は、はるか遠い昔話のように牧歌的にさえ映る。だが、じつのところ、会社は、社宅の建設によって鉱夫の労働ばかりでなく、生活の全般にいたるまで規制をおよぼそうとした。

労働現場では、鉱夫は就業規則によって、遅刻、欠勤、怠慢、不謹慎な振舞い、仲間の悪口や虐待、係員への侮辱、アルコール飲料の持込み、作業道具の取違え、指示された場所以外での石炭の採掘などを禁止され、違反した場合に

▼一八八九年のルール炭鉱大ストライキ　一八六五年に鉱山官庁による「監督原則」が廃止されると、鉱夫の労働条件は自由契約にまかされ、景気の変動に大きく左右されることになった。賃上げや八時間労働の厳守などを掲げた一八八九年のストライキは、ルール鉱夫九万人もが参加する大規模なものとなり、軍隊が出動し、皇帝ヴィルヘルム二世が仲介にはいってようやく収拾された。

は厳しい罰則・罰金を科された。ルールの炭鉱では、十九世紀後半以降の炭坑規模の巨大化によって、採掘現場を係員がまわり直接管理することがしだいに難しくなったため、会社側は賃金や労働時間を規制し、厳しい指導と罰則によって労働を管理するようになった。例えば、係員が定めた請負賃金率を中途で切り下げたり、搬出された炭車に規定以上のボタが含まれた場合に賃金を差し引き没収したりという事例は、九万人もの鉱夫が加わった一八八九年のルール炭鉱大ストライキ▲のさいに鉱夫の代表によって問題とされた点である。

ホーホラルマルクでは鉱夫は、社宅に入居するときに労働契約と連動した賃貸契約を結び、会社の定めた居住規則に従い、プロイセン軍の下士官上りの団地管理人のいうことを聞かなければならなかった。社宅を借りた者は、「炭鉱の仕事を自分から離れるか、またはやむなく放棄せざるをえない場合」、即座に賃貸契約を無効とされ、その日のうちに社宅を追い出されることになっていた。そればかりか、借家人本人だけでなく、同居しているその下宿人、息子や親戚の者まで「家主の炭鉱で仕事をやめるか、または勝手に三作業方以上続けて仕事を離れる場合」、同様の仕打ちが待っていた。また、会社に雇われた管

レクリングハウゼンⅡ坑・ヘルネ鉱区での鉱夫の移動率（出典：M. Zimmermann, *Schachtanlage und Zechenkolonie. Leben, Arbeit und Politik in einer Arbeitersiedlung 1880-1980*, Essen, 1987）

	レクリングハウゼンⅡ坑			ヘルネ鉱区		
	採用	退職	計	採用	退職	計
1896	54	50	104	52	42	94
1897	81	65	146	64	48	112
1898	80	67	147	62	50	112
1899	77	61	138	66	52	118
1900	66	52	118	62	49	111
1901	71	47	118	52	43	95
1902	35	37	72	38	37	75
1903	60	40	100	51	41	92
1904	46	36	82	48	43	91
1905	21	22	43	30	29	59
1906	40	50	90	51	46	97
1907	74	57	131	76	56	132
1908	50	54	104	57	58	115
1909	26	45	71	37	48	85
1910	34	33	67	42	41	83
1911	40	45	85	58	53	111
1912	42	43	85	65	58	123
1913	56	48	104	69	62	131
1914	46	74	120	60	94	154

理人は団地内を巡回し、ごみが落ちていないか、歩道がきちんとはかれているかどうかを監督してまわった。鉱夫に期待されたのは、規則正しく仕事にでかけ、生活し、管理人のいうことに服従することであった。鉱夫は安くて広い社宅に入居するのと引き換えに、過酷な労働や残業、低賃金、罰則と生活全般にわたる監視にあまんじなければならなかった。

鉱夫を募集し彼らの企業への定着をめざした社宅はどれだけ効果があったのだろうか。というのも、ルールの炭鉱では、会社や炭坑ごとに労働条件や賃金が異なっており、とくに若い鉱夫はよりよい仕事場を求めて頻繁に職場を変えたからである。レクリングハウゼンⅡ坑での鉱夫の移動率をみると、鉱夫の採用と退職の比率は、社宅の建設によるよりも景気の動向に左右されたようにみえる。たしかに、ホーホラルマルクやその他の炭鉱社宅に居住する家族持ち鉱夫の場合、移動率は低く、概して定住率が高かった。しかし、この時期、他の産業でも労働者の移動は激しく、炭鉱の鉱夫が全体として落ち着くようになるのは、ようやく一九二〇年代のことであった。

仕事場での過重で危険な労働と鉱夫組での作業、社宅団地などではぐくまれ

社宅居住者と一九一二年ストライキとの関係　社宅居住者の割合は一九〇七年を調査時点としている。欠勤率は、一九一二年三月一三日の社宅居住者を含む全鉱夫の欠勤率を示している。同日の欠勤率は、ルール地方全体では六一・二四%であった。

（出典：野村正實『ドイツ労資関係史論』御茶の水書房、一九八〇年）

鉱山区	社宅居住者(%)	欠勤率(%)
デュースブルク	51.60	77.01
レクリングハウゼン東	39.01	65.58
エッセン西	37.33	44.63
ドルトムントⅡ	33.95	79.06
ドルトムントⅢ	30.48	62.56
レクリングハウゼン西	27.41	61.30
エッセン東	25.51	52.06
ゲルゼンキルヒェン	25.02	63.61
ボーフム北	23.29	56.01
ヘルネ	22.54	66.00
ハム	20.24	69.32
オーバハウゼン	19.67	45.57
ドルトムントⅠ	18.78	78.33
ボーフム南	17.91	44.03
エッセン南	11.31	63.43
ヴィッテン	8.70	63.75
ヴァッテンシャイト	6.20	59.10
ハッティンゲン	4.82	61.07
ヴェルデン	0.78	26.23

た鉱夫同士の連帯意識は、一八八九年、一九〇五年、一二年の三度にわたるルール炭鉱ストライキでも発揮された。一九一二年ストライキのさいの欠勤率と社宅居住者の割合を示す表によれば、ストに参加したことを意味する欠勤率は社宅居住者の割合にかかわりなく高く、社宅居住は労働組合が組織したストライキへの参加を妨げたようにはみえない。炭鉱の経営者側は、契約違反労働者の「締出し協定」を結んで労働者の移動を制限しようとしたり、既存の労働組合とは別に会社に忠実ないわゆる「黄色組合」を組織しようとしたりした。

しかし、鉱夫側がつねに一致団結した連帯行動をとるわけでもなかった。鉱夫の労働組合は、社会民主党系の「旧労組」、キリスト教系組合、自由主義系ヒルシュ・ドゥンカー組合、さらにはポーランド系組合に分裂しており、一九一二年ストライキのさいにはキリスト教系組合は参加しなかった。労働者の協会活動も盛んになっていったが、ホーホラルマルクには、教会系や社会民主党系の協会のほかにも、出身地ごとに組織されたシュレージア協会、東プロイセン協会などが存在し、とりわけポーランド系は協会活動に熱心であった。

ホーホラルマルクの青年運動（ハイキング協会、一九二〇年）

ポーランド系鉱夫

ポーランド系住民の協会ネットワークは、聖アーダルベルト協会、聖ヨーゼフ協会などのカトリック系協会から合唱協会、富くじ協会、婦人協会、そしてポーランド系組合などにおよび、『ヴィアルス・ポルスキ』などのポーランド語新聞によって媒介されていた。他の教会系、出身地系の協会と同様に、これらの協会は、伝統的な価値と行動の規範を守るとともに、炭鉱と炭鉱団地によってかたちづくられた新しい環境への適応を助け、母語と共通の慣習の維持、カトリック的・民族的な教育につくした。

ルール地方に移り住んだポーランド系住民は、ほとんどプロイセン東部諸州出身で外国籍ではなかったが、周囲のドイツ人からは異質なマイノリティとして差別と偏見の目にさらされ、「ポラック」「ポラッケン」と呼ばれ蔑まれた。ホーホラルマルクのあるポーランド系鉱夫の妻は、子ども時代のつらい経験をこう回想している。

私たちの両親はたいてい農民でした。私の父は農民家族の出でした。ドイツ帝国では、ポーランド人は二級の人間として取り扱われました。ポーゼン地方のポーランド人は、土地を買うことも農場を買うことも阻止されました。そのうえ、一つの農場にはたいてい数人の息子がおり、そのうちの一人だけが相続できました。他の息子たちはどうすればよかったでしょう。当時、ルール地方から炭鉱の募集人がポーゼン地方にきており、多くの者が勧誘されてルール地方に送られました。

私の父は数人の兄弟ときました。父と兄弟一人がここに残りました。他の兄弟は気にいらず、ふたたび故郷に帰りました。

男たちは炭鉱に雇用されました。私の父、義理の父、夫と息子もそうでした。つまり三世代が炭鉱に雇われたのです。

私たちがそれ以上になることもできたでしょうのに。でも私たちが学校をでると、見習いの職をえることができませんでした。私は学校でもっとも馬鹿だったわけではありません。よい成績をとりましたが、ただ見習いの職をえることができませんでした。私がポーランド名だったからです。上の学校に行くことは私たちにはかないませんでした。どうやって両親が学費を工面したらよかったのでしょう。

小学校ではドイツ人の子どもたちと一緒でした。朝八時に聖書のお話がありました。だれが真っ先にきたでしょう。ポーランド人家族の子どもたちです。この子どもたちにとって、聖書の言葉をすらすらと暗記することはほとんど不可能なことでした。というのは、家ではポーランド語を話していたからです。そうすると女教師は長い杖をとり、それで私たち女の子を、腫《は》れあがるまでひどくたたきました。私たち子どもはとてもつらい涙を流しました。……

ここには、ドイツ帝国による東部ポーゼンの反ポーランド人政策が西部ルール地方での偏見・差別と繋がりがあることがうかがわれ、ポーランド系の人たちが社会的に上昇するチャンスがかぎられていたことが想像できる。ドイツの経済的興隆を支える下積みとして、ドイツ国民国家の差別・選別政策の対象として、彼らは二重三重の抑圧を受けていた。ポーランド系のなかにはもちろん改名してドイツ社会に同化しようとし、ここに住みつづけた者もいるが、第一次世界大戦後にポーランド国家が再建されると多くは故郷に帰るか、新しい仕事場を求めてフランスの炭鉱地帯に再移住していくのである。

③—大都市の労働者街

都市化と人口集中

巨大都市には人びとがますます集積されている。家々の大海、石の洪水、数百万の蟻塚。そこでは人間は籠のなかの鳥のようにぎゅうぎゅう詰めだ。数十万人の子どもたちには通りと遊歩道しか遊び場がない。個人は無であり、見失われた砂粒、風に吹き飛ばされる籾殻《もみがら》である。華やかな上層の下に、つねに右往左往させられている黒々と密集した大衆がいる。健全な家族生活を営もうとする人びとの欲求が、状況の力によってしばしば押しつぶされる、そうした場所が生み出されている。それは、……実りのない場所である。ベルリンを広く取り囲んで人間のための土地がある。しかしすべては、光と金に誘われ、仕事を求めて中心に殺到する。

一九〇〇年にフリードリヒ・ナウマン▲がこう描いたように、工業化が急速に進展する世紀転換期、ドイツでは、多くの人が新たなチャンスを求めて農村から都市や工業地帯に、東部から西部へ移動し、人びとが群れをなして右往左往

▼**フリードリヒ・ナウマン**（一八六〇〜一九一九）　プロテスタント神学者で自由主義的な進歩人民党の政治家。皇帝ヴィルヘルム二世の艦隊政策に賛成し、第一次世界大戦期には『中欧論』でドイツの覇権政策を正当化した。

●ドイツ諸都市における人口移動率（一九〇六〜一二年）

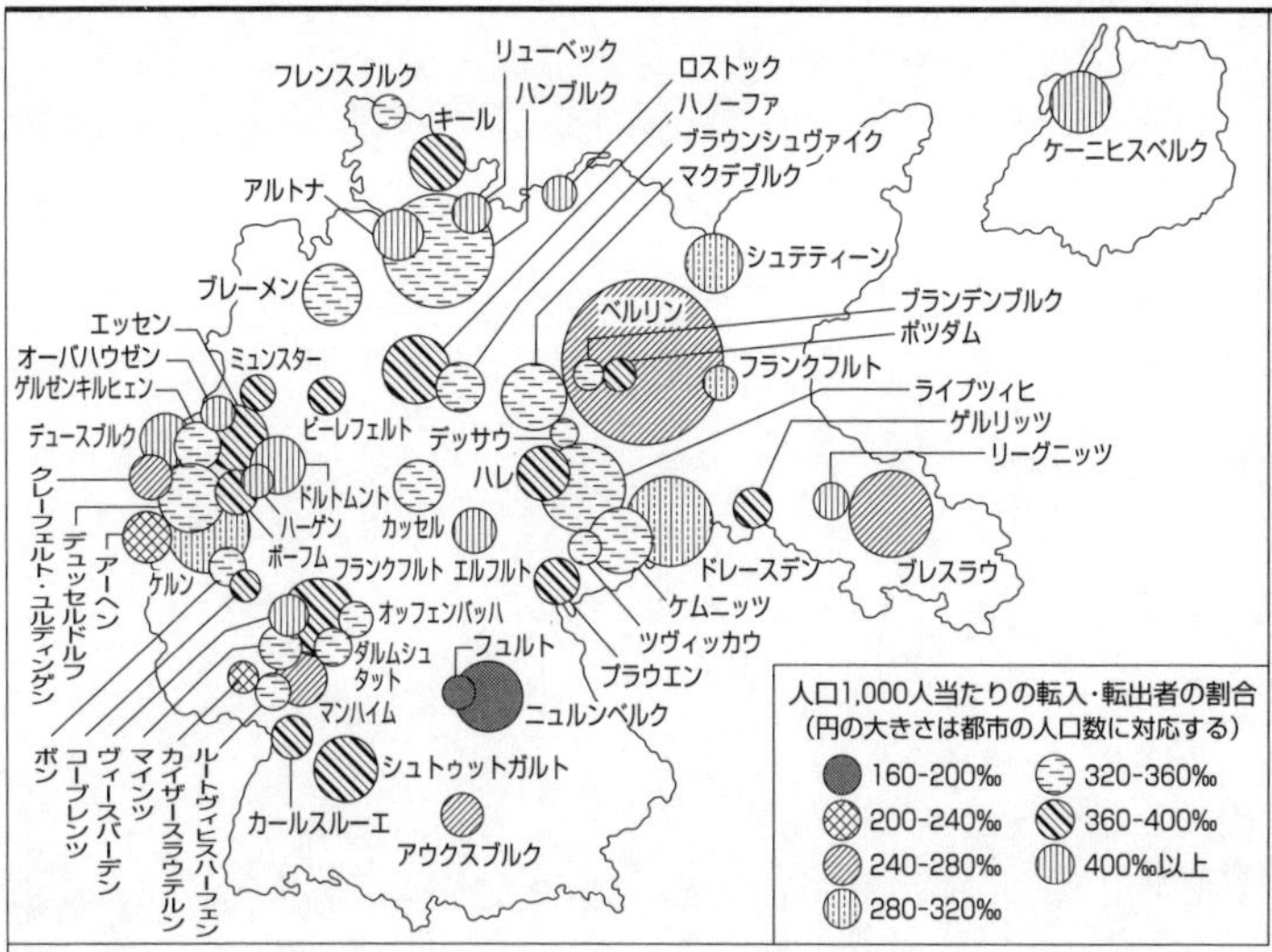

●一九〇〇年ころのベルリン　図中、網かけ部分は、住民の四二%以上が、台所を含め暖房可能な部屋が一部屋以下の住宅に住む地域（労働者街）を示す。

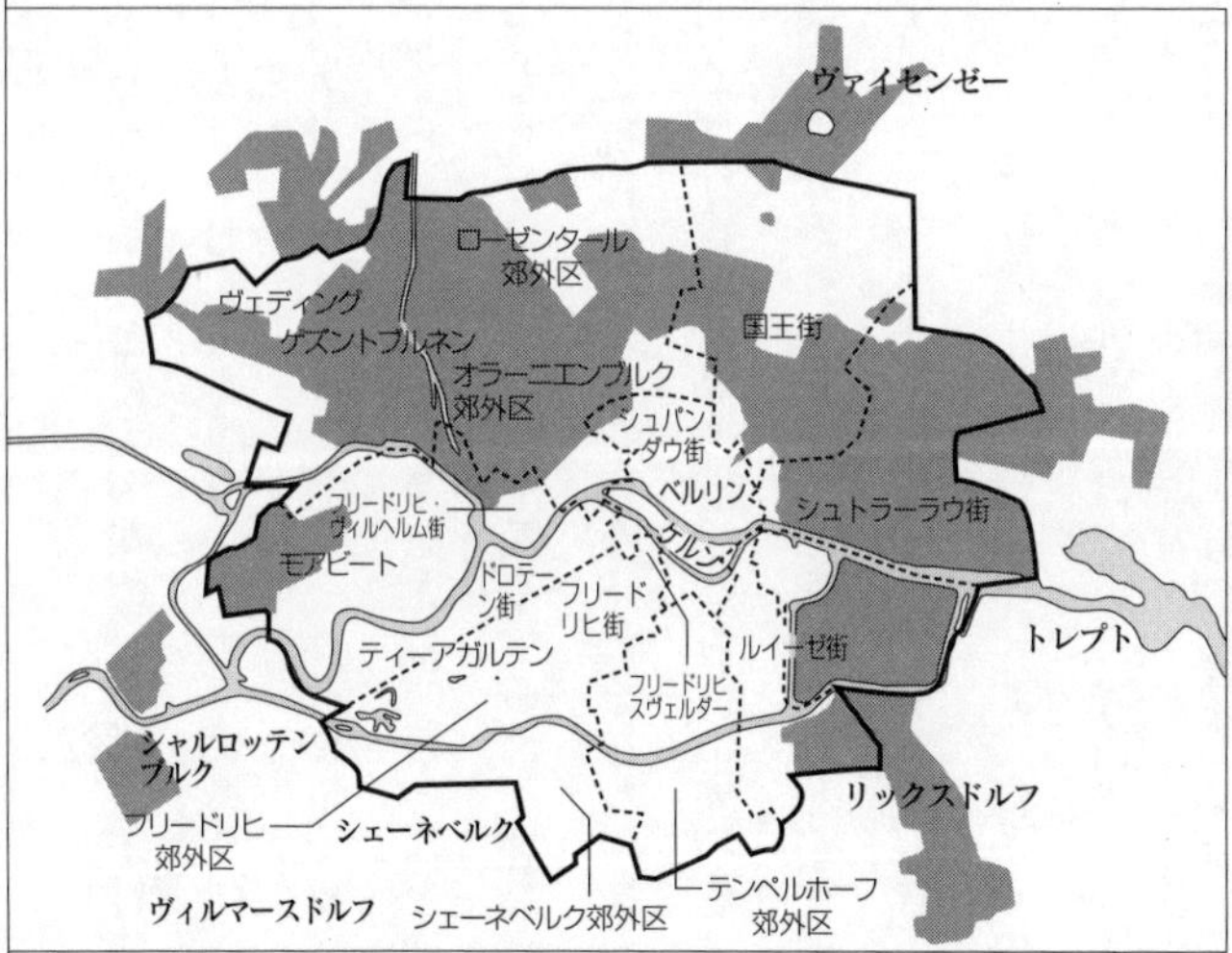

する大都市が誕生した。

大都市ほど、最高の華美と最大の悲惨との対照が目につくところはない。裏の棟の貧乏人は、おそらく腹をすかせて表通りに面した棟の豪華な広間を覗き込む。人びとは、ときとしてどんなに早く富がえられるかを観察する。富が同じくらい早く失われることは、ほとんど同様にしばしば見のがされる。幸運な者は自分の幸運を顕示する。不運な者は、こっそりと気づかれないように視線を避けて幸運な時代を送った街から遠く離れた街区へ移り、そこで「プロレタリアの叛徒たち」に加わる。……子どもたちは、裕福な人の豪邸ではだれも働かずに贅沢な暮しが支配しているのに、父親は夕方いつも疲れきって仕事から帰り、それでも貧乏が続くことを驚きの目で見ている。そこから生じた憤慨が、非常に多くの場合、大都市のプロレタリアにおだやかな気性が欠けている理由の一つかもしれない。……

国民経済学者アードルフ・ヴェーバーは一九〇六年にこのように書いて、現代の大都市を「社会的・文化的問題」として認識し、「最高の華美と最大の悲惨」との対照が際立つ場として表象した。都市問題は同時に、貧困問題であり住宅問題でありプロレタリア問題となった。

労働者街の明暗

私は、暗黒のベルリン貧民窟をはじめて訪問したときのことをまだはっきりと覚えている。それは一八九〇年代半ばのことであった。当時最北部で医者をしていた友人を道案内として頼ったのである。

蒸し暑い八月の午後だった。私たちは、ミュラー通りからライニケンドルフ通りへぬける横の通りの一つにある、たくさんの人が住む賃貸共同住宅にでかけた。本当の貧困が腰を落ち着けた住宅の一つである。医者はそこで、中庭の奥にある建物の三階に住む病気の婦人を訪問しなければならなかったのである。中庭の扉から足を踏み入れると、騒がしい子どもたちの一団が駆けてきて、あやうく私たちを突き飛ばすところだった。さまざまな年齢の男の子と女の子……が、金切り声をあげてはしゃぎまわっていた。

……

私の友人の患者は臨時工の妻で、ひどい熱のため、寝ている台所のドアと階段につうじるドアを開け放していた。……

住めたものではない部屋には、みすぼらしい家財道具がいくつかあるだけだった。小さな鉄製のコンロには、最後に使ってからまだ洗っていない鍋がいくつかのっていた。ただ一つしかないテーブルは、お皿とコップがいくつか、新聞、くし、ブラシ、石鹼皿、軟膏のはいった箱、食べかすのついた皿などでいっぱいだった。わずかしかない家族の洋服が壁にかかっていた。半分色あせた家族の写真と絵入り新聞からとった額のない木版画が唯一の装飾品であった。婦人と夫のほかになお、この台所に三人の子どもが生活していた。その一番上は十四歳の娘で、あと二人は七歳と四歳の息子だった。病人のベッドは見たところただ一つの寝場所であったが、いくらか斜めに動かされていて、婦人が立ち上がらずにそこから水道栓に届くようになっていた。ベッドの背後にたんすが一つあり、台所の隅には籐製の安楽いすが一つ、それ以外には背もたれのない木製の腰掛けが二つあるだけだった。

家族はどうやって寝ているのか。夫婦が一つのベッドに寝た。子どもたちは床に広げた洋服の上に寝ており、両親が通常は朝五時前に起きると、ようやくベッドにもぐりこんでよかった。一番下の子はそのつど籠にいれられ、ときおり婦人がどこかにでかけるために部屋を離れなければならないときには、たんすの半分あけた引出しのなかに寝かせられていた。

社会民主党の指導者アルベルト・ズューデクム▲は、「暗黒のベルリン貧民窟」を訪れたときの見聞をこう書き、大都市の悲惨な住宅状況を浮かび上がらせた。

一九〇一年からベルリン地域健康保険組合は、社会民主党系事務局長アルベルト・コーンのもとで組合員の病気と住宅事情の関係を明らかにするために住宅アンケート調査を実施し、ベルリン下層民衆の悲惨な暮しを写真に撮って刊行した。そこには、狭くて暑苦しい屋根裏部屋、湿気のため壁がカビで黒ずんだ半地下住宅、病人をかかえ子ども大勢と暮す狭苦しい部屋、一家総出で内職に精出す家族など、いかにも貧困をうかがわせる写真が数多く収録されている。

こうした見聞や写真が、社会民主党の改良家の視線から都市下層民衆の生活実態を記録していたのにたいし、ベルリンの労働者街に住んだ画家ハインリ

▼**アルベルト・ズューデクム**（一八七一〜一九四四）　社会民主党の機関紙編集者、自治体政治家で、一九〇〇年から『自治体の実践活動』（コムナーレ・プラクシス）誌を編集した。住宅問題でも論陣を張って労働者の住宅状況の改善を訴え、エンゲルスの住宅問題論を批判した。

ヒ・ツィレ▲は、下層民衆への共感から彼らと同じ目線で生活の喜怒哀楽を風刺画に表現した。そこには、貧しくても日々の生活を明るく懸命に生きる庶民の暮しがいきいきと活写されていた。

「賃貸兵舎」

「賃貸兵舎」とは、帝国創立期から市の中心部とその周辺の労働者街に建てられた通常五階建て、中庭をかこみ敷地の四辺に建てられた巨大な集合住宅のことである。正面に装飾をほどこした表通り側の建物には、一階に商店がおさまり、二階以上はゆったりとした間取りの住居となっていて、おもに裕福な階層が入居した。この建物をぬけて中庭にでると、その両翼と裏側にも薄汚れた建物が建ち並び、多くは一〜二部屋と台所からなる狭い住居にたくさんの貧しい労働者家族が住んでいた。建物の近接からくる不十分な日照と通気、共同便所などの不備な衛生施設、地下室と屋根裏部屋の劣悪な環境などから、賃貸兵舎はベルリンの貧しい住宅事情を指す代名詞ともなり、多くの住宅改良家の批判をあびた。

▼ハインリヒ・ツィレ（一八五八〜一九二九）　ドレースデン近郊ラーデブルク生まれ、ベルリンで貧しいなか、一家の家計を助けながら絵を習い、石版印刷工となった。四十歳を過ぎてから自分の生きたベルリン下層民衆の世界（ミリュー）を数多くの絵や写真に残した。

●―ベルリン東部の屋根裏部屋（一九〇九年）肺病の女性が二人の子どもと住む居間兼寝室。

●―ベルリン北西部、内職に精出す家族（一九一一年）　病人の女性が母、三人の姉妹と住む部屋。母は一日中人を使って仕事をしているが、納入日には家族総出でボタンつけに追われる。

●―ハインリヒ・ツィレ「母ちゃん、鼻血！」

●―ハインリヒ・ツィレ「ベッド貸し」「ベッド貸しは、夜働いて昼間寝る人用だよ。ベッドは一つしかないからね」

ベルリン・フリードリヒ街　ホーブレヒト・プランにおけるベルリンの巨大街区は、都心部のフリードリヒ街をモデルにしたといわれる。

しかし、十九世紀後半のベルリン都市計画を指揮したホーブレヒトは、労働者街の賃貸住宅にさまざまな社会層が混住することをむしろ肯定的に考えてさえいた。

> 賃貸兵舎では子どもたちは半地下住宅から無料学校へ、ギムナージウムに行く顧問官や商人の子どもたちと同じホールを通って行く。屋根裏部屋の靴屋ヴィルヘルムと裏の住宅の寝たきりの老婦人シュルツ——その娘は縫い物をしたり掃除の仕事をしたりしてかつかつの生活を世話している——は、建物では著名人である。ここには病気のさいに腹を満たすスープ一杯があり、また衣類や、無料で授業を受けたりするための効果的な援助があり、……それらは寄贈者の心を洗う援助である。この両極端の社会層のあいだに、三階、四階の貧乏人、われわれの文化生活に最高の意義を有する社会層、官吏、芸術家、学者、教師などが生活している。これらの階級にとりわけわれわれの国民の精神的な意義が宿っている。絶えず仕事をし、しばしば断念をよぎなくされ、また社会で獲得した場所を失わないよう、できるならそれを大きくしようと努めている彼らは模範としていくら評価

してもしきれない人たちであり、啓発し、刺激を与え、したがって社会にとって有意義な影響を与える。そしてそれは、彼らと並び彼らのなかにまじって住んでいる者にたいしてほとんどその存在と無言の例示によってであろう。

ここには、貧困層だけが住むスラム街が形成されることにたいする警戒と、貧困な労働者にたいする裕福な市民層の啓発効果への期待が表明されていた。こうして道義的および国家的な観点から、市民層の住宅のような「閉鎖性」よりも市民層と労働者層がともに住む「混住性」のほうが重要だとみなされた。

ベルリンの賃貸兵舎のなかでも、最悪のケースといわれたマイアースホーフでは、この点はどうだっただろうか。

マイアースホーフ

帝国創立後、ベルリンの都心部は政治と経済の中心となり、市の北部から東部・東南部にかけての地域は工場と労働者の街に、西部や西南部の隣接地域は新しい商店街と高級住宅地の街に変貌した。ベルリンは、郊外の三方を労働者

▼**AEG社**　エミール・ラーテナウ(一八三八〜一九一五)が一八八三年にエジソンから電球の特許をえて始めた「総合電機会社」の略称。ベルリンに居をかまえ、ドイツの電化事業をジーメンス社とともに支えた二大電機会社の一つである。

街に取り巻かれ、西・西南側郊外に裕福な市民層が住む、プロレタリアとブルジョワの街となった。

北部では、オラーニエンブルク門から郊外に延びるショセー通り沿いに機械工場が立ち並び、ローゼンタール門から北西方向に延びるブルネン通りには、電機企業AEG社▲が大工場をかまえ、近隣地域は工場で働く労働者の街となった。シュテティーン駅の東側、アッカー通りも、一八七〇年代以降、工場と賃貸兵舎がみるみるうちに建ち並ぶようになった。その一角、アッカー通り一三二・一三三番地に、一八七三〜七四年にできたのがマイアースホーフである。狭い中庭をはさんで表通りからじつに七棟もの建物が連続して立ち並ぶこの集合住宅には、二五七戸の住宅に二〇〇〇人以上もの人が居住していた。それは、ヴァイマル期には「ベルリンで最大の、もっとも醜悪な住プランテーション」とも呼ばれた。

しかし、マイアースホーフが当初からそのようにばかり見られていたわけではないようである。例えば、一八八四年の訪問記によると、それほど印象は悪くなかった。

●──**アッカー通りの市街地化**（左一八七一～一八八八年、右一九四〇年）　（左図）網かけの薄い部分は、一八七一～八八年に建造された建物をさす。（右図）網かけの濃い部分は中層の、薄い部分は低層の建物をさす。図中、太線で囲んだ部分がマイアースホーフ。

●──**マイアースホーフ建築図**

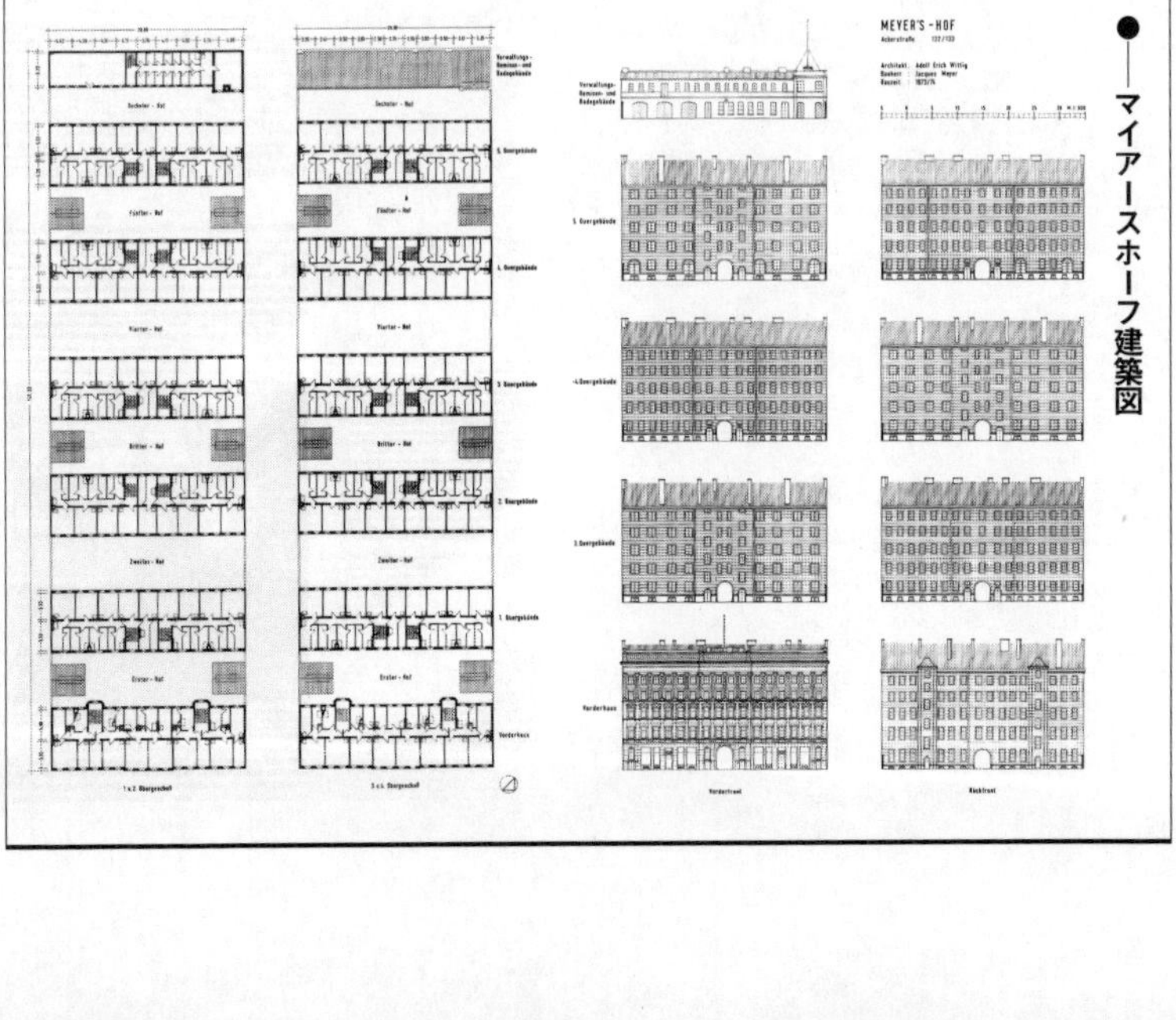

アッカー通り（マイアースホーフの反対側）

……この家族向け住宅は、約五〇〇人もが入居する賃貸住宅である。それは、人であふれ、あらゆる仕事がおこなわれている小都市に等しい。……中庭では表通りの賑わいが支配している。子どもたちは楽しそうに走りまわり、ありとあらゆる作業場がフル回転し、野菜や果物を売る女性が建物の角に腰かけている。……私が夕暮れ時に中庭を見てまわったとき、これらすべてがよい印象を与えたといわなければならない。ここには数百人もの人がぎっしりと共同で生活しており、それにもかかわらずおたがいに邪魔していない。相応の広さをもつ中庭の空気は悪くはなく、そこを去るとき、ちょうど瓦斯燈《ガス》が明るい光で中庭を照らしはじめていた。

ここでは、住宅と作業場が同居し、「数百人もの人がぎっしりと共同で生活」する集合住宅のありようが「人であふれ、あらゆる仕事がおこなわれている小都市に等しい」と肯定的に描かれている。だが、一九一〇年の記録によると、初めのころに入居した借家人は相当な問題をかかえていたという。

マイアースホーフは一八七二年、つまり小住宅がひどく不足していたときに建てられ、しかもそれは、奥行のある土地に多数の小住宅のための場所をとるという社会政策的に考えられた事業であった。工事が完成する前に、住宅を求める借家人がこの建物に殺到し、住宅を手にいれた。その後すぐに経済恐慌が起こり、それに続いて一八七三〜七四年には建築不況がきた。劣悪な借家人が住みつき、現在の所有者が一八七八年に地所を引き継いだとき、しばらくのあいだはひどく荒れはてていた。所有者のオットー・マイアー氏は、そのとき出会った借家人について私にいくつかの極端な事例を話してくれた。家賃を支払う者はごくわずかにすぎず、家賃を支払わないだけならまだましなほうであった。人によってはもっとひどかった。借家人の一人、陶工を職にしていた男は、自分の住宅のタイル張り暖炉をとりはずし、売り払った。別の借家人はクリスマスツリーを商っていたが、彼の部屋の床を引き剝がし、板をノコギリで細かく切って支え木と台座にしてしまった。

所有者は、信頼できる借家人だけを、しかも値上げせず安い家賃で受け入れることによって、家主業を繁栄させようと目論んだ。すぐに腰を落ち着ける借家人が見つかり、その後のこの家の年代記はヴィルヘルム・ラーベ▲

▼**ヴィルヘルム・ラーベ**（一八三一〜一九一〇）　ドイツの作家・小説家。処女作『雀横丁年代記』（一八五六年）で雀横丁に住む老人の語りをとおして、ベルリンの市井の平凡な人間生活の哀歓を描いた。

マイアースホーフ・第三の中庭にあったライ麦パン工場の厩舎

が描いたようである。入居二五周年のお祝いがしばしばおこなわれる。第二世代は古い家に愛着を感じている。ここで生まれた借家人同士が家で結婚することもよくあった。小さな手工業者がここで一人で、または徒弟一人と開業し、今日では大きな工場スペースを古い家にもっている。

マイアースホーフは帝国創立期から約三〇年経ち、当初は問題があった借家人も入れ替わり、そこでの生活もだいぶ落ち着いてきたことがここからうかがえる。それでは、この集合住宅にはいったいどのような階層の人たちが住んでいたのだろうか。

入居者の社会構成

マイアースホーフには全部で二五七戸の住宅があり、その大半二二九戸は、一部屋と台所・小部屋からなる間取りとなっており、二部屋以上のトイレつき住宅が一五戸、店舗住宅が七戸などとなっていた。住居以外に、パン屋一、浴場一、工場三、機械室一、外部トイレ棟五があった。市民層の住む住宅街とは異なり、ここでは集合住宅のなかに、商店、作業場、工場が同居し、居住と同

マイアースホーフ入居者の社会構成1

階層区分	1877年 戸数	1877年 %	1910年 戸数	1910年 %
①商業・商店員ほか	18	21	17	13
②職人・労働者ほか	43	50	36	27
③鉄道員・郵便局員ほか	23	27	19	14
④親方・工場主ほか	1	1	17	13
⑤寡婦・年金生活者	0	0	6	5
⑥事業所・工場など	1*	1	37	28
合計	86	100	132	100

* 駐在所

時に労働の場になっていた。

入居者全員の社会構成を示す史料は残されていないが、ベルリン住所録に記載されたデータからある程度のようすは知ることができる。一八七七年と一九一〇年のベルリン住所録に記載された住民の職業と事業所を極めておおざっぱに分類してみると、アッカー通り一三二・一三三番地には、上の表のような職業の人たちが住み、事業所・工場が存在していた。

両年とも住所録に記載された住戸・事業所の数は、全戸数二五七戸のうちほんの一部（一八七七年約三分の一、一九一〇年約二分の一）にすぎないから、単純な比較は意味をなさない。しかし、この両者の数字から、マイアースホーフの住民のなかでは、職人・労働者が相対的に大きな比率を占めるが、それ以外に、商業・商店員、鉄道員・郵便局員などのいわゆる中間層も、合わせればそれと同じくらいの比率であること、また、一九一〇年の数字からは、親方・工場主もかなり住んでおり、事業所・工場として利用されている部分がかなりあることがわかる。このように、マイアースホーフには、親方・工場主からふつうの労働者にいたるまで極めて雑多な階層が入居しており、住宅として使われている以外に多くの事業所・工場がはいっていたことがわかる。ただし、記載があるのは、生活が相対的にましな者だけだったことも考えられるので、貧困層がどれだけこの住宅に入居していたかは不明である。

つぎに、具体的な職業と事業所を、もっとも豊かな層が入居していた表通り側の棟と平均的な住民が住んでいたと思われる中庭の第二棟を取り上げ、一八七七年と一九一〇年の数字をあげてみよう(次ページ表)。ただし、職業名しか記載されていないので、その職業が手工業的職人あるいは親方なのか工場労働者であるかなど、職業の具体的な内容についてはわからないし、事業所と区分したケースでも勤め先の記載だった可能性も否定できない。①、②……とあるのは、前ページの表の大ざっぱな分類を示し、そのあとの数字はそれぞれに該当すると考えられる人数である。

ここから、表通り側の棟には、商業・商店員、親方・工場主の比率が高く、中庭第二棟には、職人・労働者の比率が高いことが明らかである。マイアースホーフ全体では、たしかにさまざまな階層の住民が雑居していたが、そのなかで通りに面した棟と中庭棟とでは、住民に明らかな階層差があったと考えられ

●—マイアースホーフ入居者の社会構成2

1877 年：表通り側棟
16 戸中，①8　②3　③4　④0　⑤0　⑥1
管理人 1, 警察駐在所 1, 商人 5, 壁張り職 1, 煉瓦積工 1, 居酒屋店主 1, パン屋 1, 鉄物商 1，金属細工師 1，巡査 1，事務書記 1，教師 1
1877 年：中庭第 2 棟
14 戸中，①2　②10　③2　④0　⑤0　⑥0
仕立工 1，植字工 1，靴製造工 1，煉瓦積工 2，包帯製造(販売)業 1，錠前工 2，コック 1，鉄道員 1，葉巻製造工 1，銅細工師 1，金属研磨工 1，郵便局員 1
1910 年：表通り側棟
29 戸中，①9　②6　③3　④6　⑤4　⑥1
洗濯店主 1，指物親方 1，工場主 2，鉄物商 1，肉屋親方 1，皮革型抜き 1，エプロン製造 1，靴製造親方 1，食糧雑貨店 1，鋳型工 1，障害者 1，牛乳屋 1，寡婦 3，郵便局補佐員 1，管理人事務所 1，居酒屋店主 1，パン屋 1，保険監察官 1，塗装工親方 1，八百屋 1，機械工 1，簿記係 1，塗装工 1，指物師 1，パン屋親方 1，指物師親方 1
1910 年：中庭第 2 棟
17 戸中，①1　②9　③4　④1　⑤0　⑥2
管理人 1，旋盤工 1，クリーニング屋 1，皮革型抜き 1，仕立工 1，電球工場 1，建築工 1，郵便配達夫 1，民間守衛 1，木工 1，簿記検査係 1，桶製造工 1，倉庫労働者 1，ボイラー工 1，飲食店設備 1，陶工親方 1，縫い子 1

る。ベルリン全体では、十九世紀末ころからとくに裕福な階層は西部・西南部郊外の広壮な住宅に住み、都心を取り巻く北部、東部・東南部には工場と労働者街が広がるという住分けが進行していくが、工場の近くにあるこの北部労働者街でも、表通りに面した住宅と裏側の住宅とで住む階層が異なっていた。その意味でホーブレヒトのいう社会層の混住はある程度まで実現されていた。しかし、彼が理想として期待したその効果はどうだったのだろうか。

入居者の暮し

マイアースホーフの入居者はどんな暮しを送っていただろうか。少し時代をくだって、中庭第一棟、一三三番地の二階に住んでいたヒラー・マン(一九二四年生まれ、三二年入居)、その隣のハリー・コムピシュ(一九二二年生まれ、二四年入居)の子ども時代の回想から一九二〇〜三〇年代の入居者の暮しの一こまを探ってみよう。

ヒラー・マンの父親はもともと、アッカー通りにある電機会社AEGで塗装工として働いていた。しかし、一九二〇年代に多くの労働者がそうであったように彼も失業し、そのあとで家賃の安いマイアースホーフに移ってきた。AEG時代には月四五マルクの収入があったが、失業中は、失業手当の一五マルクと柳細工の闇労働、それに母親の内職(室内着の綿詰)で一部屋と台所・小部屋からなる住宅の家賃二一・六一マルクと一家の生活をまかなっていた。父親は六年間失業したあとでようやくテンペルホーフで自動車機械工の職を見つけて、毎日自転車でかよった。

一方、ヒラーの隣に住み、知合いだったのがハリー・コムピシュである。彼の父親は、一九二四年までのちにベルリン交通会社▲となる会社で車掌をしていたが、そこを解雇されたあと、ヘルムスドルフ通りのシュヴァルツコップフ社の旋盤工になったので、近くのマイアースホーフに移ってきたのである。しかし、その彼も一九三二～三四年には失業し、そのあと、マリーエンフェルデのフリッツ・ヴェルナー工場に再就職し、電車(Sバーン)でかよった。

このように、一九二〇年代から三〇年代前半まで、ヒラー・マンの父親もハリー・コムピシュの父親も失業し、生活が安定しなかったから、工場街の近くにあり、家賃が安いという理由でマイアースホーフに引っ越してきたのである。

▼ベルリン交通会社　一九二八年、ベルリン市交通参事官エルンスト・ロイター(一八八九～一九五三)のもとで、ベルリンの高架鉄道、地下鉄、バス、路面電車の会社を統合して成立し、統一運賃制度を導入した。

ヒラー・マンと妹のインゲの回想によると、四人家族の家での生活は、この時代の労働者家族にはごくふつうだったように、居間ではなくほとんど台所でおこなわれていた。

私たちは実際いつも台所だけで生活していました。食べ物も飲み物もありましたし、そこで暮していたのです。寝室はタブーでした。そこは寝るだけでした。暖房がはいっていたのは台所だけでした。私たちはいつも寒いなかで寝ました。台所などといえるものではありません。水道の蛇口がついた小さな部屋でした。左側に鉄製のコンロがあって、石炭を燃やしていました。……それからそこにはベッドもありました。母を除いて私たち三人は居間で寝ました。母は台所で寝ていたのです。

インゲ・マンの回想によると、表通り側の棟にはいつも上流階層の人だけが住み、「そこは高級すぎる」となかにはいるには敷居がいささか高かった。しかし、ハリー・コムピシュの場合には、モーゼス博士の子どもたちと知合いだったせいで、よくそこに出入りしていた。もっともナチが政権を握ると、ユダヤ系のモーゼス一家はアメリカに亡命してしまったのだが。

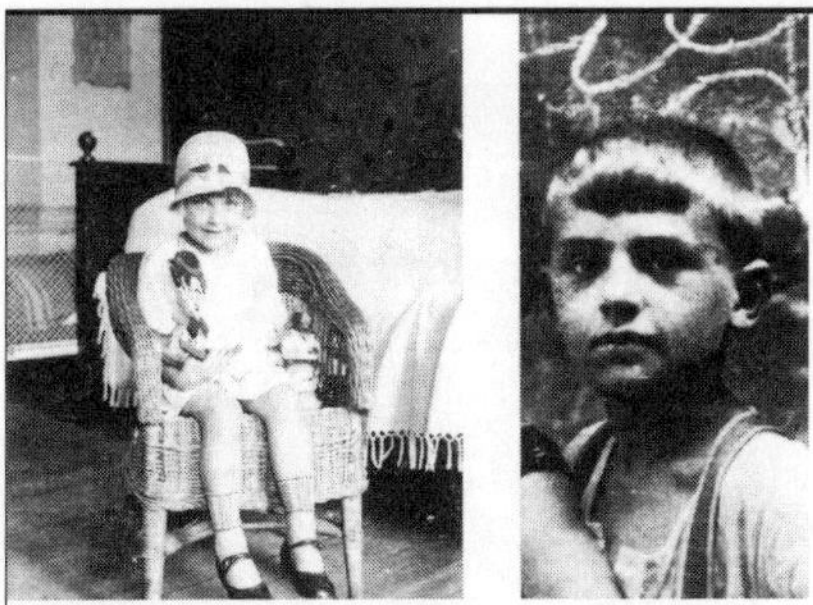

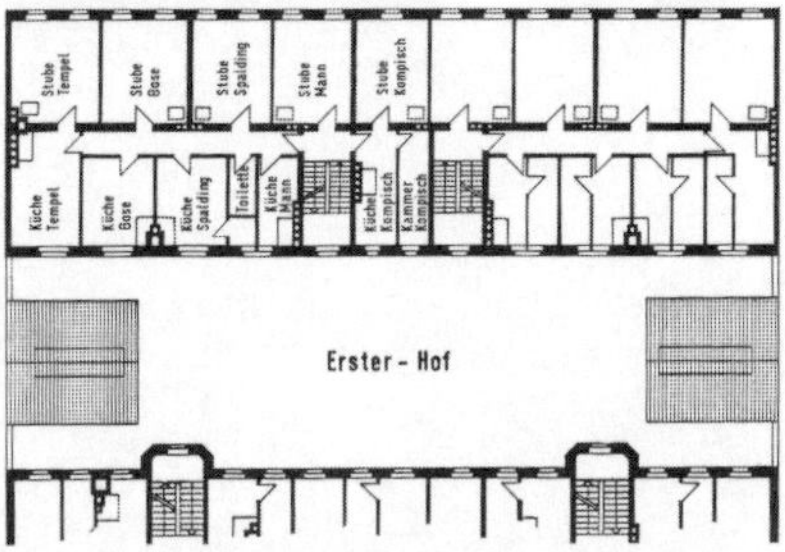

●—ヒラー・マン㊧、ハリー・コムピシュ㊨と彼らの住居階

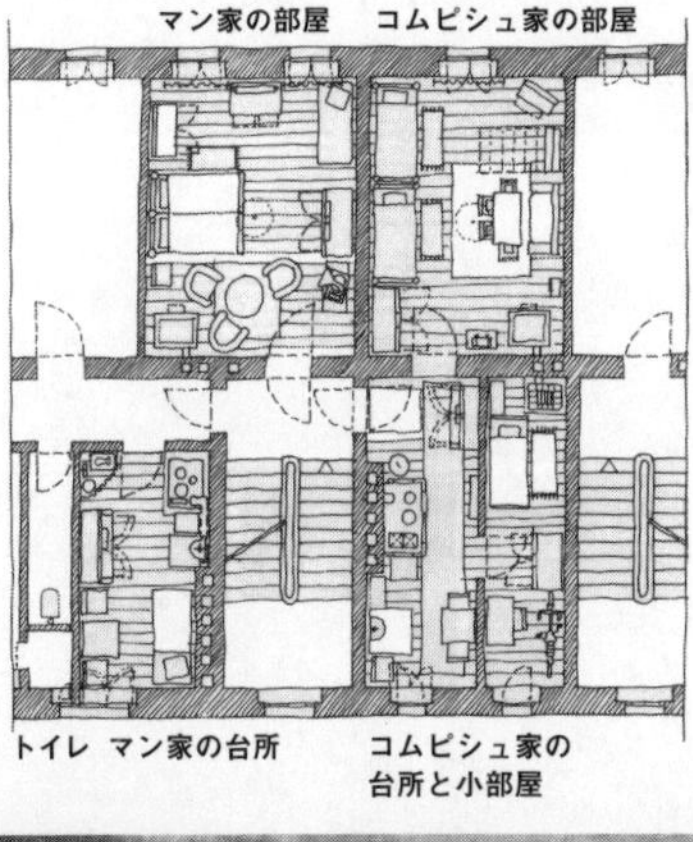

●—ヒラー・マン、ハリー・コムピシュの住居

●—マイアースホーフの「徒党」（一九三〇年）　後列左から四番目がハリー・コムピシュ。前列左端がのちにコムピシュが結婚するマルギット・カムプフェルト。

一三三番地の二階にはモーゼス博士の医院がありました。博士は一つの階の半分、バルコニーの半分をもっていました。入り口が二つあり、左側が医院の入り口、右側がバルコニーつき住居の入り口でした。トイレは室内にあり、細長い部屋に水洗トイレがついていました。メイド部屋、台所と食堂もありました。元は台所だったところが風呂に改造されていました。診療室は通り側にあり、レントゲン室は中庭側にありました。待合室もありました。

私はそこにしばしば行っていました。私は博士の家族からいつもクリスマスや復活祭などのときにきれいな色のお皿やイースター卵といった贈り物をもらったからです。それから博士の子どもがもう着られなくなった洋服をいつももらいました。それを母が私の寸法に合わせてつくりなおしてくれたのです。たいていは水兵シャツでした。毎日毎日水兵シャツで走りまわるのを私がどんなに憎んだことでしょう。……それからモーゼス博士の子どもたちとは上で遊びました。下の中庭で遊んではならなかったからです。

しかしもちろん、ハリーにとっての遊び場は、なによりもその中庭であり、表通りのアッカー通り一帯であった。十六歳ころまでは男の子も女の子も一緒に、どの棟に住んでいるかにかかわりなく表を走りまわり、自転車やボール遊びをして遊んだ。学校で同じクラスの八〜一〇人のマイアースホーフの子どもたちは「徒党」を組んで、近隣の子どもたちのグループと張り合った。マイアースホーフでは、毎年子ども祭りが開かれ、袋とび競争やスプーンレース、ソーセージ食い競争をしたり、仮ごしらえの舞台で歌を歌ったり、灯籠をもちペレおじさんのアコーデオンに合わせて敷地内を練り歩いたりした。

子ども時代の回想は、楽しい遊びやお祭りだけではなかった。表通り棟の裕福な階層との生活上の格差は歴然としており、ユダヤ系のモーゼス一家の亡命にみられるように、この時代の政治・社会状況はマイアースホーフにも影を落としていた。一九二〇年代末から三〇年代初めにかけて、ヴァイマル共和国の政治的・社会的対立はいっそう尖鋭化し、ベルリン北部の労働者街は、そうした闘争の舞台となったのである。

④―労働者生活圏の変容

住宅改革と田園都市構想

十九世紀半ば以降に顕在化した社会問題としての住宅問題は、ドイツにおける急速な工業化・都市化、そして国家統一の副産物であり、都市や工業地帯に集中する貧困な低所得者層にいかにして低廉で衛生的な中小賃貸住宅を供給するのか、という課題であった。

住宅問題の解決法として、フーバーは、過密で非衛生的な都心部の賃貸兵舎に代えて郊外にイギリス風のコテージ住宅を建てることを提案し、一八四七年にベルリン公益建築協会は、「健康で快適な、比較的ゆったりとした住宅」を協同組合方式で建設し、「無産労働者を労働所有者に」というスローガンを掲げた。しかし、労働者・低所得者の住宅難を自助によって解決するというこの提案は、地価と家賃が高騰する一方で、労働者は頻繁によりよい職を求めて引っ越すというこの時期の実情からして、はなはだ非現実的な方策であった。他方、最低限の居住しか考えていない賃貸住宅を公的に規制し、自治体自らが資金を出して公共住宅の建設に乗り出すことは、帝政期には極めて困難であった。公的規制をおこなうべき市議会では、議員が財産による制限選挙で選ばれており、その大半が土地・住宅を所有する資産家で構成されていたためである。

しかし、世紀末ころまでに大都市の基盤整備は大幅に進み、市の行政機関が都市計画の手法によって貧困地区のスラム一掃や郊外地区を含めた都市街区のゾーニング(用途別地域指定)をおこなったり、低廉で健康的な小規模住宅の建設に自治体自らが参画したりする事例も少しずつにではあるが、ふえてきた。ハンブルクでは、一八九二年のコレラの大流行、▲九六〜九七年の港湾ストライキを契機に港に近接する労働者街ゲンゲ・フィアテルが取り壊され、再開発されていったが、それは同時に、不熟練の「粗野な」港湾労働者の住む世界とその独特な文化が消滅していくことも意味した。ベルリンでは、一九一二年に近隣自治体との連合組織が結成され、郊外地域を含めた大ベルリンのゾーニングや緑地計画への取組が始まり、第一次世界大戦後に成立した大ベルリンの総合的な建築計画の先駆けとなった。さらに、フランクフルト・アム・マインをはじめとするさまざまな都市で、自治体による小住宅の建設も始まっている。そして、そうし

▼一八九二年のコレラの大流行 コレラは、十九世紀ヨーロッパの諸都市に猛威をふるい、「青い恐怖」として恐れられた。一八九二年、港湾都市ハンブルクでコレラが大流行し、約一七万人が罹病し、八六〇五人が死亡した。こののち、ハンブルクでは水道施設の改善、衛生的な住宅の建設、ゴミ焼却施設の設立、住民の政治参加などが実現された。

ハンブルク、アイヒホルツ 一九〇八年に取り壊し。

▼ドイツ公衆衛生協会　一八七三年、自治体政治家が加わってフランクフルトで設立された組織で、「全住民階級向けの健康的住宅」の設立を唱え、第一次世界大戦前まで、法令の制定によって健康面・衛生面で住宅を改革するよう訴えた。

▼全国住宅法協会　一八九八年にフランクフルトで設立された組織で、「住宅事情の根本的な改善」のため、全国住宅法の制定によってこれまでのさまざまな試みを統合する住宅改革が必要であることを政府に訴え、一九〇四年と一一年の二度にわたりドイツ住宅会議を招集した。

た動向を促したのは、住宅問題の解決をめざして小規模住宅の建設を促すために当局の介入と法的規制を求める「ドイツ公衆衛生協会▲」や「全国住宅法協会▲」といった社会政策団体、さらに自治体政策としての住宅政策に本腰をいれはじめた社会民主党などの取組があった。

当初はかならずしも成功しなかった建築協同組合も、二十世紀にはいるころから各地に設立されるようになり、さまざまな団体から融資を受けながらしだいに組合員数をふやし、労働者や官吏・職員の持ち家の取得に貢献した。一九一〇年には全国で七三九の組合が二〇万人近くを組織し、あわせて一万二五四九戸の住宅を建設した。一八八六年に創立された、組合員一一二〇人の「ベルリン建築協同組合」は、一九〇四年までに二五八戸の住宅を市内に完成させた。公益建築会社や建築協同組合が建てた住宅の戸数が住宅建設全体に占める割合は、依然として微々たるものであったが、なかにはフランクフルト・アム・マインのように、その割合が一割近くに達するところもあった。

このような建築協同組合運動の流れを受け継ぎ、第一次世界大戦前後から郊外の住宅団地の建設に大きな役割を演じたのが、イギリスの社会改革家エベネ

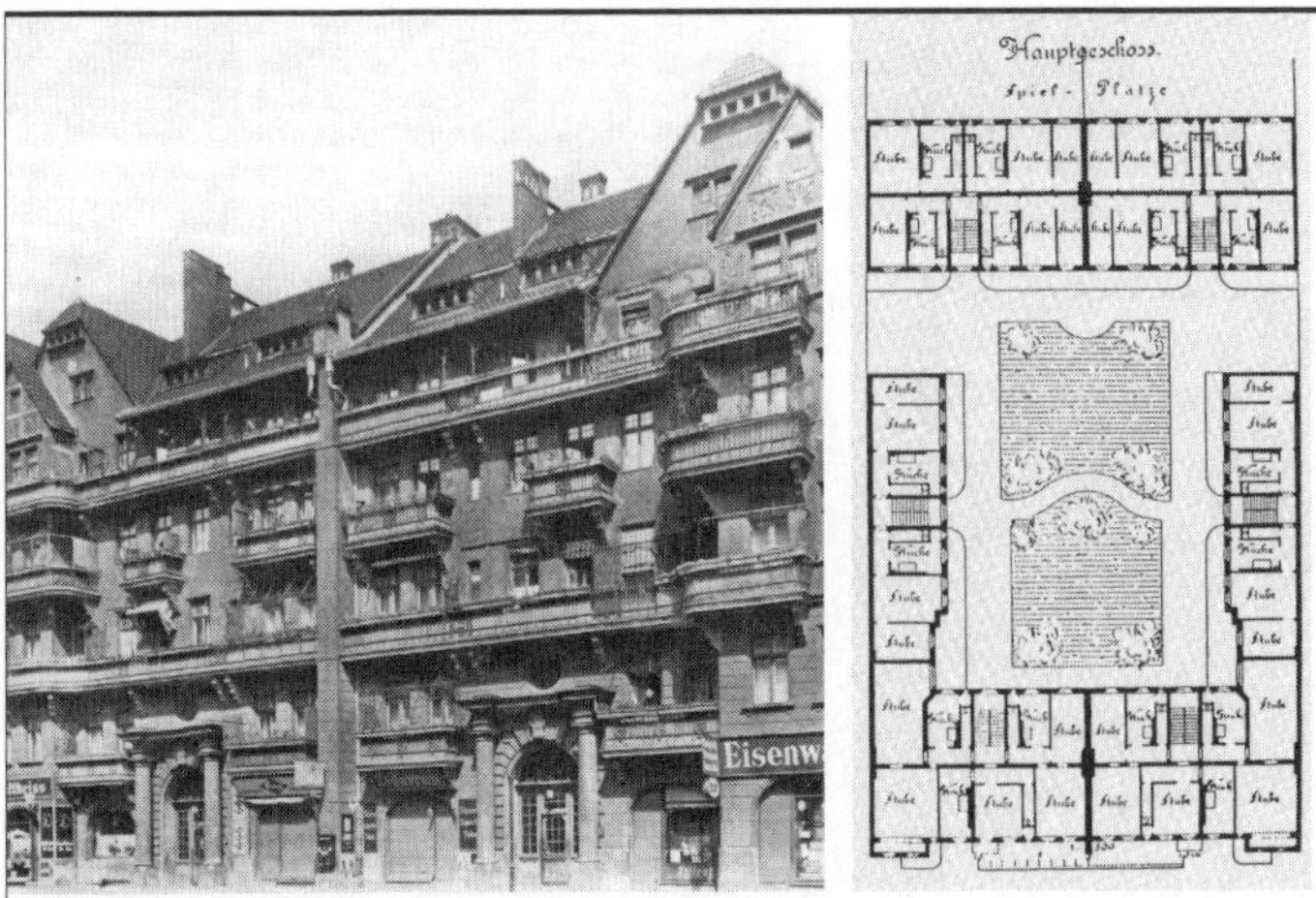

●―ベルリン貯蓄・建築協会の住宅（モアビート、一八九三年アルフレート・メッセル設計）

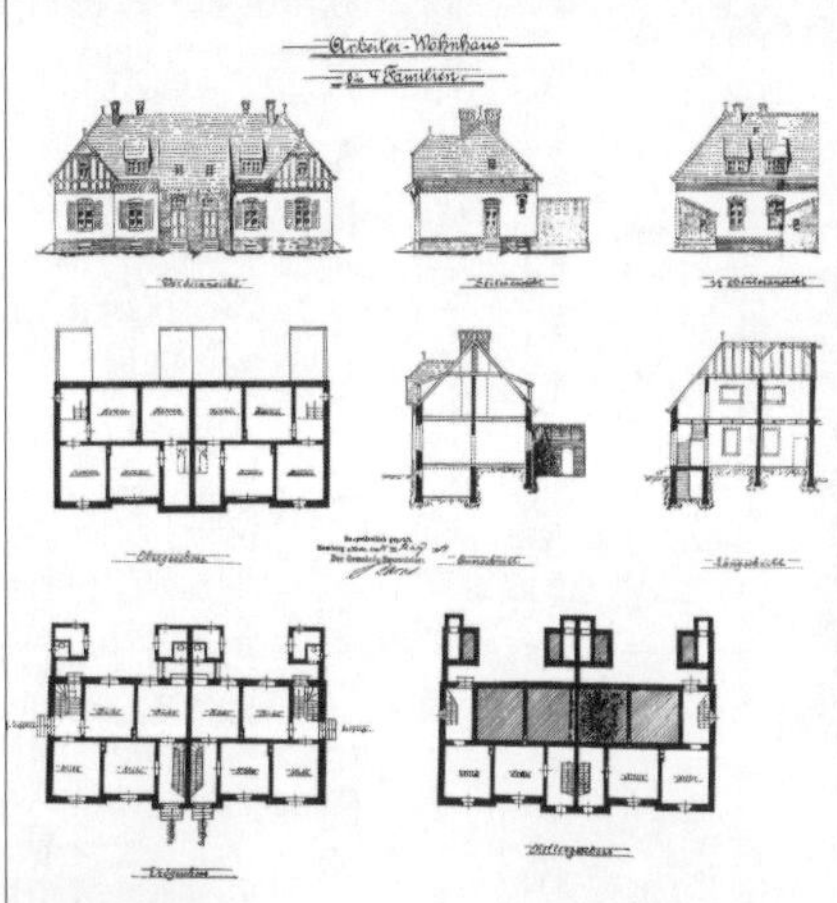

●―ラインプロイセン社宅団地・間取り図

●―田園都市ファルケンベルクの住宅

ザー・ハワード▲が提唱した田園都市の構想であった。それは、大都市の住宅問題・社会問題を解決するために、都市と農村の利点をあわせもつ自己完結的な理想のコミュニティを田園地帯に建設することをめざしていた。ドイツでは、一九〇二年にベルリンで「ドイツ田園都市協会▲」が設立され、「安価な土地に計画的に建造された住宅地」をつくり、工業の分散をはかることが目的とされた。各地に協同組合方式で設立された協会組織によって、一九〇六年からドレースデン近郊ヘレラウ、一三年からベルリン近郊ファルケンベルクなどに新しい田園都市が建設された。とくに後者には、建築家ブルーノ・タウトが設計に加わっており、たくみな空間構成とあざやかな色彩の団地によるユートピア的なコミュニティの創造が意図されていた。

田園都市や新しい都市計画の構想は、ルール地方の労働者社宅団地にも影響を与え、世紀転換期以降、自然のなかにそれまでよりも個性あふれる変化のある社宅団地が建設されるようになった。フランツ・ハーニエールがライン左岸に設けたラインプロイセン炭鉱のために、一九〇三年から建設された社宅団地▲には、変化ある家並みからその影響がすでにうかがえる。フリードリヒ・アル

▼エベネザー・ハワード（一八五〇～一九二八）　イギリスの都市計画家で、一九〇二年に『明日の田園都市』を書き、大都市の住宅問題・社会問題を解決するため、都市と農村の利点を融合させた理想のコミュニティの建設を主張した。

▼ドイツ田園都市協会　当初は、田園で生活改革を実践しようとする芸術家や教養市民層の運動という性格が色濃かったが、やがて各地に協同組合方式の協会組織が設立され、理想的な田園都市をめざしてヘレラウやファルケンベルクで団地が建造された。

▼ラインプロイセン社宅団地　一八五八年にライン左岸で石炭採掘を始めたラインプロイセン炭鉱が、十九世紀末の掘削量の拡大によって不足した労働者をプロイセン東部諸州などから呼び寄せるために、一九〇三年以降に建設した大規模団地（現デュースブルク）。建物や屋根の多様さ、ゆとりある建物配置、並木道、角住宅の強調などの点で、それまでの単調な団地とは異なる。

▼マルガレーテンヘーエ　一九一三年から二〇年代末まで建築家ゲオルク・メッツェンドルフ(一八七四〜一九三四)の設計によって建設された。他のクルップ社宅と異なり、社員は住民の半数程度しか占めず、労働者、職員、官吏が階級差をこえて共生するという理念が打ち出されていた。第二次世界大戦中、空襲でひどい被害を受けたが、一九五五年以降再建された。

フレート・クルップ未亡人マルガレーテが、婚期が遅れた娘の結婚祝いへの寄付から「低所得階級向け住宅福祉財団」を創設し、エッセン南部に一九〇六年から建造させた住宅団地マルガレーテンヘーエ▲では、緑の森にかこまれて南ドイツ風、ロマン主義風の変化ある様式の家並みが土地の形状を生かして連ねられ、まさに工業地帯のなかの田園都市の風情を有している。

「新しい住まい」と都市計画

第一次世界大戦を境にして、一九二〇年代の束の間の「相対的安定」期に、公益建築会社や建築協同組合、市当局の主導で新しい構想の郊外住宅団地がベルリンやフランクフルト・アム・マインなどに設立されるようになった。その背景には、第一次世界大戦中からその後にかけて一般世帯向けの住宅建設がほとんど停止し、敗戦後の経済疲弊のなかで建設資金を調達することが極めて難しいという事情があった。その一方、ヴァイマル憲法では「あらゆるドイツ人に健康的な住居」(第一五五条)を確保することが課題とされ、既存住宅の保全と分配、家賃の統制と借家人保護といった大戦中からの統制経済が継続されるともに、公的機関による住宅建設の促進がはかられた。

　さらに、ヴァイマル期の自治体政策において社会民主党の影響力が強まり、労働組合などの資金で運用される公益建築会社や建築協同組合のあと押しで、低所得者用の住宅建設が推進された。最後に、第一次世界大戦後、「すべての造形活動の最終目標は建築である！」として、芸術家と手工作職人との総合をめざす国立ヴァイマル・バウハウスが創設され、戦前から新しい建築とデザインを志向してきた建築家たちが、郊外集合住宅団地における「新しい住まい」の実験に加わった。

　ベルリンでは、周辺自治体との合併で一九二〇年、人口三八六万人の巨大な「大ベルリン」が発足したのち、建築法規が全市的に統一され、総合的な都市基本計画が作成された。一九二六年、市の建築参事官に就任したマルティン・ヴァーグナーは、建築家ブルーノ・タウトらとともに、「世界最大の賃貸兵舎都市」を「世界都市ベルリン」に転換させるため、新しい都市計画の構想を打ち上げた。それは、都心部を改造して交通体系を再編し、郊外に公園や運動場などの緑地を十分確保して田園都市をモデルとした「新しい住まい」を建設す

▼国立ヴァイマル・バウハウス　一九一九年四月にヴァルター・グロピウス(一八八三〜一九六九)によってヴァイマルに創設された美術・工芸学校。イギリスのウィリアム・モリス(一八三四〜九六)や「アーツ・アンド・クラフツ運動」「ドイツ工作連盟」の流れを受け継ぎ、芸術家と手工作職人との総合をめざした。一九二五年デッサウに、三二年ベルリンに移転し、ナチ政権成立ののちに解散したが、近代デザインの確立に多大に貢献した。

▼マルティン・ヴァーグナー(一八八五〜一九五七)　建築家・都市計画家。都市の緑地利用・住宅建設の合理化から出発し、大ベルリン建築参事官に就任したのち、アレクサンダー広場の改造計画やベルリン博覧会会場案、ヴァンゼー水浴場の建築案など大胆な都市改造の計画を提案し、郊外の大規模集合住宅団地とともに新しい現代的都市の実現を構想した。

▼ブルーノ・タウト(一八八〇〜一九三八)　建築家・都市計画家。第一次世界大戦前に田園都市計画など

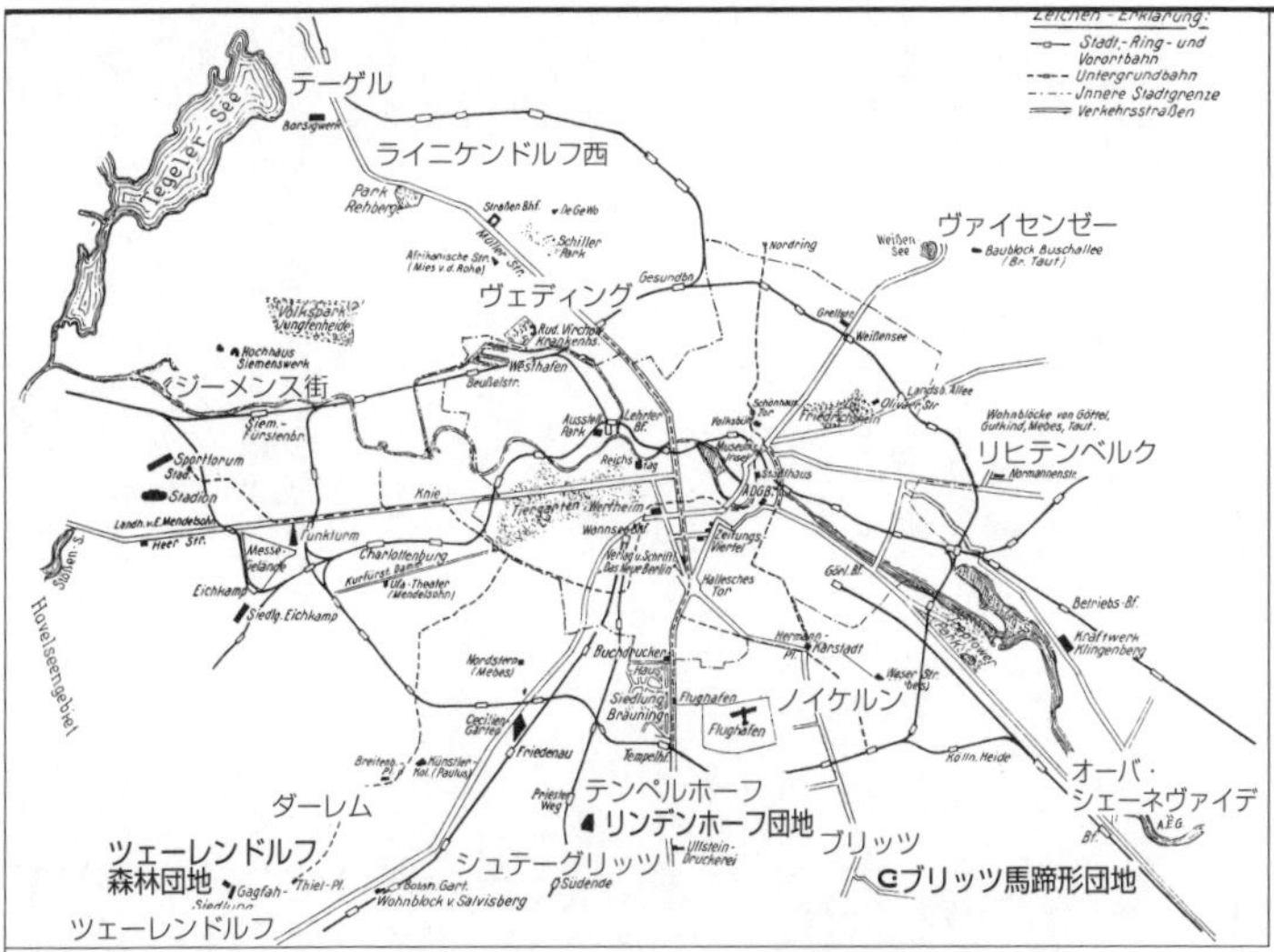

●「新しいベルリン」の都市計画（一九二九年）

●リンデンホーフ団地

●ブリッツ馬蹄形団地

るというものであった。

　彼の計画の最初のモデルケースとなったのは、大戦直後からベルリン南郊シェーネベルクに建設されたリンデンホーフ団地だった。この団地では、農場だった土地の自然を生かすかたちで、低所得家族用「社会住宅」として二階建て家族用連続住宅と三階建て独身寮(タウト設計)、あわせて約五五〇戸(居住者約二〇〇〇人を予定)が建造された。工期の圧縮と間取りの統一、多彩な住棟の設計、家庭菜園用の庭の付設などは、のちに建設されたもっと大規模な集合住宅団地の原点となった。団地は一九二二年に住民が結成した協同組合の所有となり、そこでは住民の間で親密な交際と豊かなクラブ生活が展開された。

　一九二五年から南部ノイケルンに建設されたベルリン最初の大規模集合住宅団地ブリッツ馬蹄形団地(一〇二七戸)では、新しい住宅建設の方式がはじめて本格的に取り入れられた。市が提供する家賃税収入を主たる建設資金とし、労働組合の住宅福祉会社GEHAG▲と建築協同組合が計画と建設を受け持った。ヴァーグナーの年来の主張だった住宅建設の合理化が、ここではじめて近代的プレハブ工法を使って実験された。団地全体の計画と配置に自然が取り入れら

にたずさわったのち、大戦後のユートピア建築家の時期をへて、マクデブルク、ベルリン、東京、イスタンブールなどで住宅を設計した。ベルリンでは、マルティン・ヴァーグナーとともに一九二〇年代後半の大型集合住宅団地の建設にかかわり、自然を取り込んだ、住民の協同体意識をはぐくむ団地を構想している。

▼GEHAG　「公益住宅・貯蓄・建設株式会社」の略号。一九二四年に、社会民主党系のドイツ労働総同盟ほかの労働組合が出資して、「協同経済」を推進するために設立された株式会社「官吏・職員・労働者用住宅福祉全国会社」(REWOG)の子会社として設立され(設計部長ブルーノ・タウト)、ブリッツ馬蹄形団地やツェーレンドルフ森林団地の建築主となった。

れ、大都市圏内における田園都市という構想がいっそう大規模に実現された。
タウトがかかわった住宅の設計と間取りには、合理的・機能主義的な近代建築の考え方が貫かれ、平面的な外観は窓と色彩・ロジアによって変化がつけられ、室内には備付け家具が配置されて動きやすい快適で合理的な間取りが実現された。そしてこの集合住宅団地の全体を貫く思想として、住民の協同組合的な精神が重視され、ユートピア的な建築計画と協同組合による田園都市計画の総合が試みられた。一九二〇年代後半から三〇年代初めに郊外地区に建設されたツェーレンドルフ森林団地(一九六〇戸)、ジーメンス街(一三七〇戸)、ヴァイセ・シュタット(一二八六戸)などは、いずれも郊外型の大型集合住宅団地で、ブリッツでためされた方法のヴァリエーションともいえた。

同じころ、フランクフルト・アム・マインでは、社会民主党が優勢な市政のもと、建築参事官エルンスト・マイが中心となって田園衛星都市を理念とした集合住宅団地が建設された。ここでは、新しいコンクリート・パネル工法が近代的なデザインの団地の建造に取り入れられ、その成果は、国際的な新しい建築・デザイン運動を紹介する雑誌『新しいフランクフルト』で宣伝された。団

▼ロジア　庭側に開かれた半戸外空間。

▼エルンスト・マイ(一八八六〜一九七〇)　フランクフルト・アム・マイン市長ラントマンのもとで建築参事官として、一九二〇年代に田園衛星都市の理念にもとづき、「新しいフランクフルト」の集合住宅団地を建設し、同時にその成果を国際的に知らせた建築家・都市計画家。

フランクフルト・アム・マインの住宅団地

地で実用化された「フランクフルト式台所▲」はその例である。団地の建設主は、フランクフルト市とその住宅建設会社が中心で、設計も大半はマイとそのブレーンが担当した。さらに労働者向けに建てられた団地では、広さ四〇平方メートル前後の二〜三部屋の「最小限住宅」が大半を占め、家賃もそれに見合って安く抑えられた。ちなみにこの時代、ウィーンでは、社会民主党単独市政のもとで「カール・マルクス・ホーフ▲」をはじめとする労働者集合住宅が数多く建てられ、東京では、関東大震災後、内務省(社会局)によって創設された財団法人「同潤会▲」が主導して、画期的な鉄筋コンクリート造りの近代的なアパートメントが建造されていた。

労働者街をめぐる政治

ドイツが工業化・都市化をむかえた十九世紀半ば以降、住宅問題は、貧困問題・社会問題が凝縮してあらわれる第一級の政治課題となった。帝国創立後、ドイツが高度工業化の時代をむかえると、急速な経済発展および社会保険制度、労働者保護立法などによって労働者の生活は一定程度改善された。しかし、住

▼フランクフルト式台所　ウィーン出身の女性建築家シュッテ・リホツキ(一八九七〜二〇〇〇)が考案し、フランクフルトの集合住宅団地で実用化された合理的・近代的でコンパクトな備付け台所。主婦の動線を研究し、手を伸ばせばなんでも届くように工夫されていた。

▼カール・マルクス・ホーフ　一九二七〜三〇年にウィーン市建築参事官カール・エーンによって建造された一三八二戸、住民約五〇〇〇人を収容する巨大集合住宅団地で、「赤いウィーン」の自治体社会主義の実験を象徴する建物。オーストリア社会民主労働者党の一九三四年二月蜂起のさいに拠点となったことでも有名である。

▼同潤会　関東大震災後の一九二四年、内務省(社会局)によって創設された財団法人で、東京と横浜に当時としては画期的な鉄筋コンクリート造りで和洋折衷の近代的なアパートメントを建設した。江戸川、代官山、青山など現在はほとんど取り壊され、跡地は再開発されている。

カール・マルクス・ホーフ

宅改革を訴え、公的な住宅政策を求める社会政策家や社会民主党の要求は、保守派が優勢な政府によって聞き入れられるところとはならなかった。

これにたいし、第一次世界大戦期に導入された住宅統制経済、とくに借家人保護や家賃補助政策は戦後もしばらく継続され、ヴァイマル政府によって新たに家賃税も導入された。政府・地方自治体は、この家賃税を主とする公共資金を住宅新改築のさいの補助金として投入し、とくに公益建築会社や建築協同組合による低所得者用社会住宅の建設を促進した。こうした政府・自治体の住宅政策は、その一方で、家賃収入で暮す家主ら中間層や民間の不動産・建築会社、彼らが支持する政治勢力の側の激しい反発をまねいた。さらに、地方自治体は、公的資金でまかないきれない財源を短期の不安定な公債に依存していたから、世界恐慌で外国資本が引き上げられると、自治体の財政赤字の主因の一つとなり、ナチ党の鋭い追及の的となった。また、近代的・合理的なバウハウス様式の集合住宅は、「新しい住文化」と社会主義的協同性をつちかう場と喧伝《けんでん》されたが、他方、三角屋根をドイツ本来の家のかたちと考える保守派の批判をまねき、タウトの色彩豊かな住宅は「絵の具箱」と揶揄《やゆ》された。

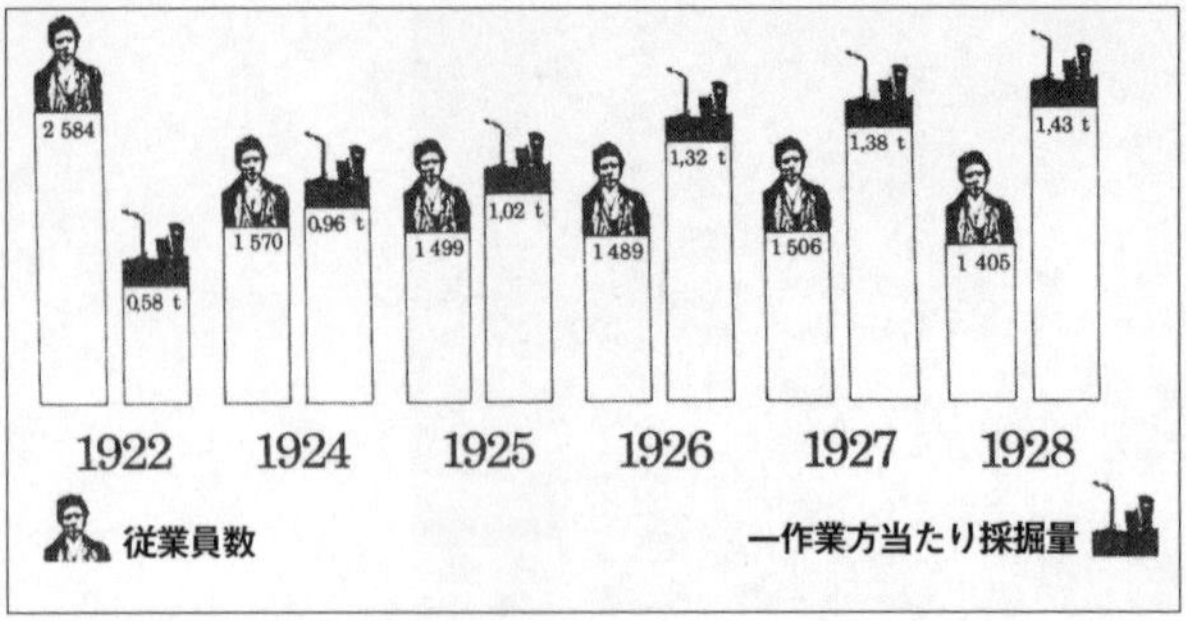

レクリングハウゼンⅡ坑の従業員数と一作業方当たり採掘量　合理化によって従業員数は減少し、一作業方当たりの採掘量は増加した。

住宅をめぐる政治的対立は、ヴァイマル期にはこうして社会問題というだけではなく、政府の経済・財政政策の根幹にもかかわるものとなり、同時に文化論争をも引き起こすものとなった。しかし、それだけではなかった。製鉄所や炭鉱によって建設された社宅街や大都市の工場に隣接する労働者街は、この時代、革命と反革命が交錯する政治の舞台となった。

三角団地のあるホーホラルマルクでは、第一次世界大戦前の帝国議会選挙（一九一二年）において、社会民主党とカトリックの中央党が優勢であり、それにポーランド系が続いていた。大戦後の革命期、この地区は、急進的な協議会制度を要求する「鉱夫総連合」の拠点の一つとなった。その指導者たちは、数年間転居を繰り返したあとで炭鉱街に住みついた経験ある先山《さきやま》（採掘夫）で、炭鉱でも住宅街でも権威に屈しない労働者利益の代弁者として頭角をあらわした。革命期が終了したあと、この地区は、他のルール各地域と同じく共産党が優勢となった。一九二〇年代半ば以降、ルール炭鉱では合理化と機械化、そして失業などによって鉱夫間の連帯にもひびがはいるようになる。共産党は、一九三二年十一月国会選挙では四二・七％もの得票率を獲得し（全国では一六・九％）、中央党の二一・六％（同一五・〇％）、ナチ党の一三・〇％（同三三・一％）を大きく引き離した。しかし、一九三三年一月三十日の権力掌握後、ナチ党はこの地区でもとくに若者を中心に浸透しはじめた。人びとはたがいに疑心暗鬼となり、政治的な会話はもっとも親しい人と以外にはしなくなった。政党や労働組合、クラブ組織などの労働運動組織が解体され、ナチ党やドイツ労働戦線▲などによる一元的支配が確立したのち、鉱夫たちの自発的な連帯の絆をかたちづくってきた自由なコミュニケーションの回路が遮断されることになった。

　ベルリンでは、一九二〇年代後半、郊外地域に新しい集合住宅団地が建設されたが、労働者の大部分は、都心部を取り巻く、老朽化した賃貸兵舎が立ち並ぶ地区に住んでいた。郊外住宅団地は、既存の賃貸住宅に比べ家賃が高く、通勤に交通費もかかったから、そこに入居できた労働者は上層のほんのわずかにかぎられていた。北部の労働者街では社会民主党の区長が、「新しいヴェディング」の街造りを標語に掲げ、アッカー通りのマイアースホーフを含む「都市計画上・衛生上ベルリンで最悪の街区の一つ」の再開発を計画した。しかし、そのための財源が調達できず計画は断念された。

鉱夫の採掘現場（一九三四年頃）

▼ドイツ労働戦線　一九三三年五月二日、解散させたそれまでの労働組合の受け皿として、「すべての創造するドイツ人の結集」を唱えてナチ党が設立した大衆団体。指導者ローベルト・ライ（一八九〇〜一九四五）。労働美化事業や歓喜力行団の余暇事業のほか、労働組合が有していた団地建設事業なども引き継いだ。

マイアースホーフ（一九二九年）

古くからの労働者街は共産党の牙城であり、社会民主党の区政と対立したばかりか、ヴァイマル末期には、「赤いヴェディング」の制圧を掲げたナチ党が共産党系の労働者と街頭で暴力的衝突をくりひろげた。世界恐慌下、大量失業、操業短縮、賃金切下げがますます借家人の生活を脅かすなかで、一九三二年夏以降、マイアースホーフをはじめとする賃貸住宅の住人は、老朽化し危険となった建物の改修や家賃延滞分の帳消し、家賃の値下げなどを掲げて借家人ストライキにはいった。共産党の機関紙は、それを紹介し「ツィレの城」ならぬ「資本主義体制の暗黒の根城」にたいする闘争を断固支持する記事を公表した。

ナチの時代

「赤の牙城」と呼ばれたマイアースホーフでは、この借家人ストののち、政権を握ったナチ党によって名前の知られた共産党員、社会民主党員が連行され、ユダヤ系のモーゼス医師はアメリカに亡命した。ここにはヒトラー・ユーゲントは簡単にははいってこられなかったというが、借家人のあいだでそれまでつちかわれてきた連帯意識は破壊され、ナチによって戦時のさいの空襲防御のために住人が組織化されていった。

リンデンホーフ団地では、ヴァイマル末期にすでに社共両党間の対立が激しく、住民同士の関係に亀裂がはいっていたという。一九三三年の聖木曜日(四月十三日)、ナチの突撃隊がこの団地を襲い、目についた多くの共産党員や社会民主党役員を逮捕・拷問《ごうもん》し、パーペ将軍通りに設けられた仮強制収容所に連行し、何日も拘束した。板金親方としてこの団地に住み、協同組合の仕事を引き受けていたゲオルク・ヴィトコフスキは、一九三三年から三五年までのあいだに非合法活動の嫌疑を受けて六回も検束されたうえに、その後仕事をまわされなくなり、三八年にはついに廃業せざるをえなくなった。

ナチが「敵」とみなし、排除したのは、社会民主党や共産党などの左翼勢力だけではなかった。ユダヤ系の人たちは、一九三三年から徐々に社会生活から排除されていったが、三八年十一月ポグロムをきっかけに迫害が強められ、第二次世界大戦勃発後にやがて、東部のゲットーや強制収容所に送られ殺害されるようになった。ベルリン北部のショイネン・フィアテルからも、第一次世界大戦前後からそこに住みつくようになった東方ユダヤ系の人たちが大量に東部

ベルリン・グルーネヴァルト駅追悼碑　ベルリンからユダヤ系の人たちを乗せた東方移送列車が出発した駅の一つグルーネヴァルト駅には、追悼のモニュメントが設立され、ナチの犯罪の卑劣さを思い起こさせる。

ナチ支配下のホーホラルマルク

▼ナチの民族裁判所　一九三三年二月の国会炎上事件にかんする裁判の結果が思わしくなかったことから、ナチが一九三四年に国家反逆罪を裁くために裁判官を任命して新設した裁判所。ローラント・フライスラー裁判長(一八九三〜一九四五)の強引な指揮のもとで多くの抵抗運動家に死刑を宣告したことで悪名高い。

に強制移送された。ナチは、このようにして彼らのいうところのアーリア人種の「民族協同体」を打ち立てていった。

　ホーホラルマルクでは、ナチ党は名士や商店主、医師など中間層には根づいたが、鉱夫のあいだではさほど人気がなかったという。係員ら職員層は入党してはいたが、とくにめだちはしなかった。政権掌握後のナチ党・突撃隊による家宅捜索や指導者の逮捕にもかかわらず、なかには労働運動の流れを引く非合法抵抗活動に参加する者もいた。三角団地に住む父親の影響で社会民主党系の労働者青年団にはいっていたある労働者は、アムステルダムに住む義兄と連絡をとり、非合法に自転車で国境をこえて、社会民主党系の宣伝ビラや機関紙を知合いに配っていた。社会民主党プラハ亡命指導部が国内用に縮小印刷して配布した『社会主義行動』『新フォーアヴェルツ』もそれには含まれていた。しかし、その彼ものちに逮捕され、一九三七年、ベルリンの悪名高い民族裁判所▲によって「反逆準備」の廉《かど》で三年間の懲役刑を科された。とはいえ、こうした無名の党員層の非合法活動によって、ドイツ国内の状況がプラハ亡命指導部に伝えられ、以下の『ドイツ報告』の記事(一九三九年六月報告)となった。

レクリングハウゼンの鉱夫たちのあいだには、怒りに近い不満が支配的である。一般的に知られた理由以外にも、最近おこなわれた労働時間の延長がその一因である。食糧不足のため、この肉体的な酷使がますます重く感じられている。最近は肺病が原因の死亡者もふえている。事故の件数もうなぎ上りである。だから病院にかよう人も急増している。鉱夫の状況が悪くなればなるほど、鉱夫の職業を継ごうという若者も少なくなっている。こうした事情から、いまや学校を卒業した若者が炭鉱に行くよう強制されたり、息子に鉱夫を継がせるよう父親が働きかけられたりしている。こうしたことがすべて鉱夫の気分を暗くしている。それに加えて、手当てを受けとっている鉱夫の妻が、手当てを出さないと脅されて肉体的にたえられない労働を強要されている。年金受給者は、年金を切り詰めないという甘言で西部要塞での労働に動員されている。人びとがそれに同意しばらく労働したあとで、年金が切り詰められた。このあからさまな詐欺行為によって、当然ながら気分はもっと暗くなった。

一九三九年九月一日にヒトラーの戦争が始まると、ルール炭鉱では、多くの人たちが軍隊に招集され、戦場で戦い、捕虜になる一方で、残された者も空襲や疎開、労働動員によって苦しい生活を送った。総動員で足りなくなった労働力は、占領地からの外国人労働者、強制連行者、戦争捕虜によってうめあわされた。ホーホラルマルクには、クロアチアやポーランド、ソ連から連れてこられた人びとが、粗末できたない収容施設に住まわされ、炭鉱のきつい労働をあてがわれた。ドイツ人鉱夫のなかには、彼らの監督や捕虜監視の任につき、「支配民族」の一員として外国人労働者や捕虜を奴隷のように酷使し、虐待する者もいた。もちろん、水のようなスープとパンだけで飢えていた外国人労働者に、監視の目を盗んで食糧を恵んだりする者もいないわけではなかった。しかし、ドイツの戦争遂行体制は外国人強制労働によって支えられており、その過程で数百万人もの労働者が死亡したという事実を、忘れることはできない。

労働者住宅の現在

ヨーロッパに惨禍をもたらした第二次世界大戦ののち、空襲で甚大な被害を受けたドイツでも都市の再建・再開発がおこなわれ、その過程で都心近くに

▼**スターリン大通りの集合住宅群**
東ベルリン・アレクサンダー広場から東に走るスターリン大通り(一九六一年からカール・マルクス大通り)に、一九五〇〜六〇年代にスターリン様式で建造されたモニュメンタルな労働者用の巨大集合住宅団地。

あった古くからの労働者住宅の多くが取り壊され、郊外には新たに高層の集合住宅が建設された。マイアースホーフは、表通り側から二棟を残して爆撃で破壊され、残った建物も西ベルリンのヴェディング再開発計画のために一九七二年に取り壊された。これにたいし、一九二〇年代に建造された郊外の集合住宅団地の多くは、戦争の時代をこえて戦後に残り、八七年のベルリン創設七五〇年祭のときに開催されたベルリン国際建築展、九〇年のドイツ統一やベルリンの再首都化などを契機に修復され、タウトの建築もぬりなおされて原色が再現された。戦前に建てられた古い集合住宅のなかで比較的状態が良い建物は、一九八〇年代以降、大がかりに修復されて維持されることになった。

空襲の被害を多く受けた東ベルリンの地区では、社会主義の成果を誇るスターリン大通りの巨大集合住宅群▲が建てられたほか、郊外にはドイツ共産党指導者の名前をつけられたテールマン団地などの新しい高層住宅がつぎつぎにつくられた。これらの住宅の家賃は、労働者国家の名にふさわしくなるように国家補助によって低く抑えられていた。

ルール地方のアイゼンハイムでは、戦時下の空襲による損害によってシュテ

テールマン像とテールマン団地（ベルリン・プレンツラウアーベルク）

▼**ローラント・ギュンター**（一九三六〜）　ドイツの芸術・文化史家で、アイゼンハイムではこの団地の居住・生活状況について調査を実施し、建物の取壊しに反対する住民を、市民運動（市民イニシアティヴ）に倣って「労働者イニシアティヴ」に組織し、建物の保全・修復に成功をおさめた。

ルクラーデ街道のもっとも初期の親方住宅を含む多数の住宅が破壊され、戦後取り壊された。住宅を所有する会社は一九五〇年代半ばから、残存する老朽化した「醜悪な旧建築」の取壊しと再開発を計画していた。しかし、これに抵抗するアイゼンハイムの住民たちは、一九七〇年代初め、「労働者イニシアティヴ」を創設し、団地に「住民協議会」を設けて取壊し計画にたいする反対運動を展開した。ローラント・ギュンター▲を中心とするプロジェクト・チームは、この労働者社宅の居住・生活状況について調査を実施し、住民間の親密な社会関係のネットワークと住空間としての質の高さを発見した。マスコミも巻き込んだ住民運動は功を奏し、一九七四年、オーバハウゼン市は、都市計画促進法にもとづく修繕計画を決定し、住民代表をまじえた技術委員会の助言と住民の協力のもとで、各戸の保全と改修がおこなわれた。アイゼンハイムの住民運動は、同様の取壊し計画に脅かされたルール地方の社宅で結成された多くの「労働者イニシアティヴ」の模範例になったといわれる。

アイゼンハイムでは、このころまでに古くから住む鉱夫家族のほかに、戦後移ってきた多くの人たちが加わり、さらにトルコ人移民労働者の家族が加わって、ますます多様な人たちが居住するようになった。一九九七年現在、住宅の六八％にドイツ人八〇家族、二〇一人が居住し、二九％にはトルコ人三五家族一八〇人（ほかに外国人三家族）が入居していた。製鉄所と炭鉱の社宅として建てられたアイゼンハイムは、ほかの多くの労働者社宅とともに、こうしてさまざまな住民が集う環境豊かな団地として再発見され、維持された。最初にあげた「ルート産業文化」の労働者住宅（団地）ルートを歩けば、そのような歴史的な社宅団地の数々を今もなおお目にすることができる。

ドイツが工業化・都市化をむかえた十九世紀中葉以降に建てられた労働者住宅の多くは、殺到する大量の労働者を収容するために工場や炭鉱の近くに急ごしらえで建造されたものであった。市民層の住宅改革家や社会主義者は、労働者街の賃貸兵舎の粗末さ、過密さを批判し、健康や衛生、社会に与える悪影響を指摘しつづけた。ルール地方の社宅では、賃貸契約が労働契約と対になっており、社宅の建設は、従業員を会社に引き止め従順な労働者を養成する管理政策でもあった。とはいえ、マイアースホーフやホーホラルマルク三角団地の事例でみてきたように、地方や東部から職を求めてやってきた労働者にとって、それらは彼らの生活の場であり、住民のあいだで協同意識をはぐくむ場でもあった。労働者街に住む者は極めて多様であり、階層間・民族間・政党間に亀裂と対立が走っていたが、それでもルールの炭鉱地帯の社宅やベルリン北部ヴェディングの労働者街は、労働者の独特な生活圏（ミリュー）を形成していた。

そうした生活の場の雰囲気は、ナチ時代と第二次世界大戦をへて、住民の流動性が高まり、居住者が入れ替わったことで、戦後の社会では希薄になるか消滅していったとされる。かつての大都市や工業地帯の労働者街は、今では、戦後労働力不足のおりに外国から呼び寄せられ、ドイツに居ついた外国人移民の住む街区に変わりつつある。かつて市民層から差別視され危険視された無産プロレタリアの街区は、今では低収入で働き低家賃で暮すトルコ人街に様変わりし、周囲のドイツ人からは引っ越したくない地域といわれている。都市と住宅をめぐる社会問題は、二十一世紀をむかえた今もドイツでは完全に解決されてはいない。しかしながら、都市化・工業化時代に成立した労働者住宅が一つの歴史のサイクルを終えたことはまちがいない。トルコ人移民と都市・住宅問題との関連の追究は、今後の課題として本書をひとまず終えることにしたい。

参考文献

E・J・ホブズボーム（安川悦子・水田洋訳）『市民革命と産業革命――二重革命の時代』岩波書店　一九六八年
伊藤定良『異郷と故郷――ドイツ帝国主義とルール・ポーランド人』東京大学出版会　一九八七年
小沢弘明ほか『労働者文化と労働運動――ヨーロッパの歴史的経験』木鐸社　一九九五年
樺山紘一ほか編『産業と革新――資本主義の発展と変容』（岩波講座　世界歴史22）岩波書店　一九九八年
川越修ほか編著『近代を生きる女たち――一九世紀ドイツ社会史を読む』未來社　一九九〇年
川本和良『ドイツ産業資本成立史論』未來社　一九七一年
北村昌史「一九世紀中葉ドイツの住宅改革運動」『西洋史学』一六六（一九九二年）一〇四〜一二二頁
北村昌史「一八四〇年代ベルリンの都市社会とファミリエンホイザー」『西洋史学』一七五（一九九四年）一九〜三七頁
小玉徹ほか『欧米の住宅政策――イギリス・ドイツ・フランス・アメリカ』ミネルヴァ書房　一九九九年
後藤俊明『ドイツ住宅問題の政治社会史――ヴァイマル社会国家と中間層』未來社　一九九九年
後藤俊明「一九二〇年代後半社会的住宅建設の展開――フランクフルト・アム・マインの事例を中心に」愛知学院大学論叢『商学研究』三九‐一（一九九五年）六七〜一八〇頁
柴田三千雄ほか編『社会的結合』（シリーズ世界史への問い4）『民衆文化』（同6）岩波書店　一九八九・九〇年
相馬保夫「『賃貸兵舎』から『新しい住まい』へ――都市計画・住宅建設のパラダイム転換　一九二〇年代ベルリン」田中邦夫編『パラダイム論の諸相』鹿児島大学法文学部　一九九五年　一七九〜二一五頁

田中洋子『ドイツ企業社会の形成と変容――クルップ社における労働・生活・統治』ミネルヴァ書房　二〇〇一年
中野隆生『プラーグ街の住民たち――フランス近代の住宅・民衆・国家』山川出版社　一九九九年
野村正實『ドイツ労資関係史論――ルール炭鉱業における国家・資本家・労働者』御茶の水書房　一九八〇年
長谷川章『世紀末の都市と身体――芸術と空間あるいはユートピアの彼方へ』ブリュッケ　二〇〇〇年
穂鷹知美『都市と緑――近代ドイツの緑化文化』山川出版社　二〇〇四年
増谷英樹・伊藤定良編『越境する文化と国民統合』東京大学出版会　一九九八年
見市雅俊・高木勇夫ほか『青い恐怖　白い街――コレラ流行と近代ヨーロッパ』平凡社　一九九〇年
矢野久『ナチス・ドイツの外国人――強制労働の社会史』現代書館　二〇〇四年
山名淳『夢幻のドイツ田園都市――教育共同体ヘレラウの挑戦』ミネルヴァ書房　二〇〇六年
山本秀行『ナチズムの記憶――日常生活からみた第三帝国』山川出版社　一九九五年
歴史学研究会編『民族と国家――自覚と抵抗』(講座 世界史3) 東京大学出版会　一九九五年
若尾祐司・井上茂子 編著『近代ドイツの歴史――一八世紀から現代まで』ミネルヴァ書房　二〇〇五年
Geschichte des Wohnens, Bd.3, Bd.4, Stuttgart, Deutsche Verlags-Anstalt, 1996.
Hans J. Teuteberg / Clemens Wischermann, *Wohnalltag in Deutschland 1850-1914*. Münster, F. Coppenrath Verlag, 1985.
Johann Friedrich Geist / Klaus Kürvers, *Das Berliner Mietshaus 1740-1862, 1862-1945*, München, Prestel-Verlag, 1980, 84.
Hochlarmarker Lesebuch. Kohle war nicht alles. 100 Jahre Ruhrgebietsgeschichte, Oberhausen, 1981.
Route Industriekultur http://www.route-industriekultur.de/

図版出典一覧

G. Asmus (Hrsg.), *Hinterhof, Keller und Mansarde. Einblick in Berliner Wohnungselend 1901-1920,* Reinbek, 1982. 43下, 49上, 49中
J. Boberg / T. Fichter / E. Gillen, *Berlin: Von der Residenzstadt zur Industriemetropole,* München, 1981. 69上
J. Boberg / T. Fichter / E. Gillen, *Exerzierfeld der Moderne. Industriekultur in Berlin im 19. Jahrhundert,* München, 1984. 16
Das Neue Berlin. Großstadtprobleme, hrsg. von M. Wagner / A. Behne. Reprint der Ausgabe von 1929, Basel / Berlin / Boston, 1988. 73上
Das Zille-Album, Hannover, 1998. カバー表, 49下
"... für tüchtige Meister und Arbeiter rechter Art". Eisenheim, Köln, 1996. 23
Führer durch die Wohlfahrtseinrichtungen der Gußstahlfabrik, Essen, [1907]. 28, 29
J. F. Geist / K. Kürvers, *Das Berliner Mietshaus 1740-1862,* München, 1980. 10, 11, 14, 15, 17
J. F. Geist / K. Kürvers, *Das Berliner Mietshaus 1862-1945,* München, 1984. 21, 53, 54, 56, 63, 80
J. Günter / R. Günter, *>Sprechende Straßen< in Eisenheim,* Essen, 1999. 25上
Hochlarmarker Lesebuch, Oberhausen, 1981. 31, 32, 33, 34, 39, 78, 82
Neues Bauen, Neues Gestalten. Das Neue Frankfurt/die neue stadt. Eine Zeitschrift zwischen 1926 und 1933, 2.Aufl., Dresden, 1991. 75
K. Tenfelde, *Sozialgeschichte der Bergarbeiterschaft an der Ruhr im 19. Jahrhundert,* Bonn-Bad Godesberg, 1977. 26, 27
H. J. Teuteberg / C. Wischermann, *Wohnalltag in Deutschland 1850-1914. Bilder — Daten — Dokumente,* Münster, 1985. 7, 8, 43上, 50, 67
G. Unverferth / E. Kroker, *Der Arbeitsplatz des Bergmanns in historischen Bildern und Dokumenten,* 2. Aufl., Bochum, 1981. 35, 79
H.-W. Wehling, *Werks- und Genossenschaftssiedlungen im Ruhrgebiet 1844- 1939,* Bd.2, Essen, 1994. 69中
ABZ (Agentur für Bilder zur Zeitgeschichte) 扉
著者提供 13, 77
著者撮影 カバー裏, 2, 4, 5, 6, 25下, 69下, 71, 73中, 73下, 81, 85, 86

世界史リブレット⑮

ドイツの労《ろう》働《どう》者《しゃ》住《じゅう》宅《たく》

2006年10月25日　1版1刷発行
2016年 8 月31日　1版3刷発行

著者：相馬保夫《そうまやすお》

発行者：野澤伸平

装幀者：菊地信義

発行所：株式会社 山川出版社

〒101-0047　東京都千代田区内神田 1 -13-13
電話　03-3293-8131(営業) 8134(編集)
http://www.yamakawa.co.jp/
振替 00120-9-43993

印刷所：明和印刷株式会社

製本所：株式会社 ブロケード

世界史リブレット　第Ⅰ期［全56巻］

〈すべて既刊〉

1 都市国家の誕生
2 ポリス社会に生きる
3 古代ローマの市民社会
4 マニ教とゾロアスター教
5 ヒンドゥー教とインド社会
6 秦漢帝国へのアプローチ
7 東アジア文化圏の形成
8 中国の都市空間を読む
9 科挙と官僚制
10 西域文書からみた中国史
11 内陸アジア史の展開
12 歴史世界としての東南アジア
13 東アジアの「近世」
14 アフリカ史の意味
15 イスラームのとらえ方
16 イスラームの都市世界
17 イスラームの生活と技術
18 浴場から見たイスラーム文化
19 オスマン帝国の時代
20 中世の異端者たち
21 修道院にみるヨーロッパの心
22 東欧世界の成立
23 中世ヨーロッパの都市世界
24 中世ヨーロッパの農村世界
25 海の道と東西の出会い
26 ラテンアメリカの歴史
27 宗教改革とその時代
28 ルネサンス文化と科学
29 主権国家体制の成立
30 ハプスブルク帝国
31 宮廷文化と民衆文化
32 大陸国家アメリカの展開
33 フランス革命の社会史
34 ジェントルマンと科学
35 国民国家とナショナリズム
36 植物と市民の文化
37 イスラーム世界の危機と改革
38 イギリス支配とインド社会
39 東南アジアの中国人社会
40 帝国主義と世界の一体化
41 変容する近代東アジアの国際秩序
42 アジアのナショナリズム
43 朝鮮の近代
44 日本のアジア侵略
45 バルカンの民族主義
46 世紀末とベル・エポックの文化
47 二つの世界大戦
48 大衆消費社会の登場
49 ナチズムの時代
50 歴史としての核時代
51 現代中国政治を読む
52 中東和平への道
53 世界史のなかのマイノリティ
54 国際体制の展開
55 国際経済体制の再建から多極化へ
56 南北・南南問題

世界史リブレット　第Ⅱ期［全36巻］

〈すべて既刊〉

57 歴史意識の芽生えと歴史記述の始まり
58 ヨーロッパとイスラーム世界
59 スペインのユダヤ人
60 サハラが結ぶ南北交流
61 中国史のなかの諸民族
62 オアシス国家とキャラヴァン交易
63 中国の海商と海賊
64 ヨーロッパからみた太平洋
65 太平天国にみる異文化受容
66 日本人のアジア認識
67 朝鮮からみた華夷思想
68 東アジアの儒教と礼
69 現代イスラーム思想の源流
70 中央アジアのイスラーム
71 インドのヒンドゥーとムスリム
72 東南アジアの建国神話
73 地中海世界の都市と住居
74 啓蒙都市ウィーン
75 ドイツの労働者住宅
76 イスラームの美術工芸
77 バロック美術の成立
78 ファシズムと文化
79 オスマン帝国の近代と海軍
80 ヨーロッパの傭兵
81 近代技術と社会
82 近代医学の光と影
83 東ユーラシアの生態環境史
84 東南アジアの農村社会
85 イスラーム農書の世界
86 インド社会とカースト
87 中国史のなかの家族
88 啓蒙の世紀と文明観
89 女と男と子どもの近代
90 タバコが語る世界史
91 アメリカ史のなかの人種
92 歴史のなかのソ連